MÉMOIRE

POUR

LOUIS-RENÉ-ÉDOUARD

DE ROHAN,

CARDINAL DE LA SAINTE ÉGLISE ROM

ÉVÊQUE & PRINCE DE STRASBOU

LANDGRAVE D'ALSACE, PRINCE-ÉTAT D'EM

GRAND AUMÔNIER DE FRANC

Commandeur de l'Ordre du Saint-Esprit, Proviſeur de Sorbonne, &c. accuſé ;

CONTRE

M. LE PROCUREUR-GÉNÉRAL ;

En préſence de la D^me DE LA MOTTE, du S^r DE VILLETTE, de la D^lle D'OLIVA, & du Sr Comte DE CAGLIOSTRO, Co-Accuſés.

A PARIS,

De l'Imprimerie de LOTTIN, *l'aîné*, & de LOTTIN *de S.-Germain*, Imprimeurs Ordinaires de la VILLE, rue S.-André-des-Arcs, N° 27.

M. DCC. LXXXVI.

MÉMOIRE

POUR Louis-René-Édouard DE ROHAN, Cardinal de la sainte Eglise Romaine, Evêque & Prince de Strasbourg, Landgrave d'Alsace, Prince-Etat d'Empire, Grand-Aumônier de France, Commandeur de l'Ordre du S.-Esprit, Proviseur de Sorbonne, &c. Accusé :

CONTRE M. LE PROCUREUR-GÉNÉRAL ;

En présence de la D^{me} DE LA MOTTE, du S^r DE VILLETTE, de la D^{lle} D'OLIVA, & du Sr Comte DE CAGLIOSTRO, Co-Accusés.

LES révolutions qui arrivent dans la destinée des Grands, réveillent subitement parmi les hommes toutes les passions à la fois : dans les uns une joie mal dissimulée, une affliction circonspecte dans les autres, ici l'orgueil inquiet & attristé, ailleurs, la bassesse qui se console à la vue de ces revers, par-tout une curiosité remuante, qui va se repaissant de vérités & de mensonges, & qui ne voit, dans les événemens extraordinaires, que des bruits à recueillir & des nouvelles à répandre.

Le temps arrive enfin, de substituer un intérêt véritable à ces vaines agitations.

M. le Cardinal de Rohan est dans les fers : c'est du faîte des honneurs qu'il est descendu dans une prison ; sa captivité dure depuis plus de neuf mois, & M. le Cardinal de Rohan est innocent ; ce spectacle est digne de la sensibilité publique & de l'attention de l'Europe.

Les piéges ont été semés sous ses pas, les prestiges de la fraude ont ébloui ses yeux, il a eu le malheur de déplaire à la Reine, par les soins mêmes que lui ont inspirés sa soumission, son dévouement & son respect. Offense involontaire ! Mais il sent qu'il est plus facile de s'en justifier, que de se la pardonner à soi-même. Son ame en est accablée, lorsque sa conscience est tranquille : & sa seule consolation est de croire qu'une erreur si funeste pourra enfin être expiée par ses malheurs.

L'innocence de M. le Cardinal de Rohan n'est plus un problême. Mais il doit à la société, toute entière, l'exposition des preuves qu'il a successivement développées sous les yeux des Magistrats : & ceux qui n'ont plus de doutes à éclaircir, y verront avec intérêt l'histoire du Procès le plus extraordinaire.

En dévouant à la haine publique les manœuvres dont il fut le jouet & la victime, quels vœux avons-nous à former pour nous-mêmes ? Que le profond respect pour la Majesté & l'amour ardent de la Justice, s'allient ensemble au fond de notre cœur, & s'augmentent l'un par l'autre. Dans une affaire que le Roi a replacée lui-même sous l'empire de la Loi, gardons-nous d'imaginer que nous ayons besoin de courage, & souvenons-nous que la liberté de notre ministère est un présent de la puissance.

Il faut déterminer d'abord le point précis de la question Etat de la question. soumise au jugement de la Cour. Un coupable a certainement abusé d'un Nom auguste, une main criminelle en a tracé les caractères, pour obtenir, sous ce Nom, une riche parure de diamants; voilà ce qu'on ne peut pas révoquer en doute; voilà ce qui est prouvé.

Le Roi a renvoyé à son Parlement, par des Lettres-Patentes, la connoissance de cet unique délit; le Roi y déclare qu'un Collier a été livré à M. le Cardinal de Rohan, lequel a dit aux Jouailliers qu'il étoit autorisé par la Reine à en faire l'acquisition, & leur a présenté des propositions comme approuvées & signées par la Reine. Le Roi ajoute que, sur la déclaration faite par M. le Cardinal de Rohan, qu'*il avoit été trompé par une femme nommée la Motte de Valois;* il s'est assuré de leurs personnes, & a pris des mesures, pour découvrir tous ceux qui auroient pû être *auteurs & complices* de cet attentat; le Roi attribue la connoissance de ce fait à son Parlement, *pour être le Procès instruit, fait & parfait aux auteurs, fauteurs, complices, participans & adhérens desdits faits & délits, suivant la rigueur des Ordonnances.*

La Cour a donc à juger, non pas si M. le Cardinal de Rohan s'est annoncé comme autorisé à l'acquisition d'un collier pour la Reine; non pas s'il a montré aux Jouailliers les fausses approbations comme données par la Reine: ses faits avoués, certains, & posés dans les Lettres-Patentes, donnent lieu au Procès, mais ne sont pas l'objet des recherches. Il ne s'agit que de découvrir les *auteurs & complices du délit commis dans l'acquisition du Collier.* Coupable, si l'abus du Nom auguste est son ouvrage; innocent, s'il n'en est ni l'*auteur* ni le *complice*, M. le Cardinal de Rohan doit porter la lumière fur cette feule queftion : A-t-il été de bonne-foi ? Sa franchife a-t-elle été féduite? Eft-il ou trompeur ou trompé ? Tel eft le cercle tracé par la volonté même émanée du Trône; c'eft-là l'enceinte, dans laquelle doivent fe renfermer & l'examen des Magiftrats,& les fonctions que nous avons à remplir.

Prouvons que M. le Cardinal de Rohan n'eft pas l'*auteur* & n'eft pas le *complice* du crime, dont la fraude l'a rendu l'inftrument. Prouvons ; il le faut, l'élévation de la Naiffance & du Rang, l'Epifcopat, la Pourpre Romaine, les grandes Dignités de la Couronne, ne réfléchiffent en ce moment leur trifte éclat que fur un Accufé, & ne fervent qu'à rendre fon infortune plus illuftre. Soumettons-nous donc à cette néceffité terrible, puifque la vraie grandeur de l'homme eft dans la réfignation, dans la force de voir fon malheur en face, & de fe faire un courage conforme à fa deftinée.

Nature de l'affaire.

LE Mémoire qu'on va lire n'eft pas ce qu'on attend peut-être : il n'a point été entrepris pour repaître la curiofité, mais pour défendre l'innocence. Ces deux fins font affez différentes, pour que les moyens ne fe reffemblent pas. Les faits les plus minutieux en apparence, ceux que le goût auroit foin d'écarter, dans un ouvrage deftiné à plaire à des Lecteurs indifférents, occupent fouvent une grande place dans un Mémoire, dont le but eft d'inftruire & de convaincre les Magiftrats. Où l'on défireroit une fucceffion rapide & variée d'événements, de fituations & de tableaux, il faut fe réfoudre à fuivre des raifonnements & à dévorer des difcuffions; le bonheur de découvrir une vérité importante, & celui d'être juftes; voilà, dès l'entrée, l'encouragement

qu

qui s'offre à nos Lecteurs, & voilà le prix qui les attend à la fin de la carrière.

Au mois de Septembre 1781, M. le Cardinal vit pour la première fois la dame de la Motte, qui lui fut préfentée par la dame de Boulainvilliers. Faits antérieurs à l'époque de la fraude.

Il apprit à la fois ce qu'on difoit de fon origne & de fa mifère. Elle ne paroiffoit qu'infortunée, & la vertu pouvoit alors la recommander à la bonté.

La dame de Boulainvilliers mourut peu de temps après, & la dame de la Motte, qu'elle avoit logée dans fon hôtel, y demeura trois mois encore.

Elle fe retira enfuite à Verfailles dans une chambre garnie ; puis fongeant à M. le Cardinal de Rohan , elle le vit & lui rappella les recommandations de fa protectrice.

Une légère marque d'intérêt fut le fruit de cette démarche. Ce n'étoit ni une aumône du Roi, ni un prêt, mais une libéralité modique qui en amena d'autres. La dame de la Motte reçut de M. le Cardinal, de temps en temps, trois, quatre ou cinq louis, une feule fois vingt-cinq. Ces fecours & un cautionnement pour une fomme de 5000 liv. qu'elle devoit au Juif Ifaac Beer, & qu'il fût obligé de payer pour elle en 1785 ; voilà le tableau fidèle de fes bienfaits.

Cela ne s'éloigne pas beaucoup de ce que la dame de la Motte a dit dans fon Mémoire. Elle y déclare que M. le Cardinal, après les premiers dons qu'elle exagère, n'a fourni qu'aux frais de fes voyages à Verfailles, qu'il les offroit fous le titre délicat de fimples avances, & que le plus grand de fes fecours, c'étoit celui de fes confeils.

Auffi quel étoit le fort des fieur & dame de la Motte ? la pauvreté. Elle logeoit en 1782, à l'hôtel de Rheims, rue de la Verrerie; une ou deux chambres à demi-meublées y fervoient d'azile au mari, à la femme, au frère, & devinrent encore celui de la fœur, lorfqu'une incommodité l'appella de fa Province à Paris.

A leur fortie, ils devoient 1580 liv. au fieur Bruffaut, maître de l'hôtel, qui leur avoit fait, prefque jufqu'à la fin, l'avance de toutes les efpéces de fournitures. Une querelle s'éleva en Novembre 1782. Le fieur Bruffaut accufa la dame de la Motte d'avoir battu fa femme, & de l'avoir jettée fur l'efcalier; la dame de la Motte allégua que cette femme avoit voulu la prendre à la gorge. Il s'agiffoit d'un prétendu vol de ferviettes, fait par la femme-de-chambre; cela donna lieu à une procédure criminelle qui eft encore pendante au Châtelet.

La dame de la Motte crût qu'une habitation plus décente étoit néceffaire à la réuffite de fes follicitations. Elle prit en 1781, un logement rue Neuve-Saint-Gilles; mais il ne fût meublé, qu'en Mai 1783, & encore fur la garantie d'un Juif qui la cautionna. Jufques-là, la dame de la Motte vécut d'abord à Verfailles, enfuite à Paris, hôtel d'Artois, elle y fut nourrie par la dame Briffaut, mère de Rofalie fa femme de chambre actuelle: puis elle entra dans fon nouvel appartement. Un loyer de 1200 liv & l'ameublement le plus fimple étoient de beaucoup au deffus de fes forces; on ne lui connoiffoit que les foibles bienfaits de M. le Cardinal, les avances de la dame Briffaut, & une penfion de 800 liv., qui, vers la fin de 1783, fut portée à 1,500 liv.

Sous des apparences moins miférables, la détreffe fût donc la même. Tantôt pour congédier un laquais il falloit emprunter cent écus; tantôt pour acquitter un terme de loyer, & même encore au mois de Juin 1784, un autre emprunt fut néceffaire. Un ami prêtoit quelque fois 6, 12, 24, & 30 liv., pour les befoins urgens & journaliers; c'eft avec de l'argent prêté, qu'elle fit le voyage de Fontaine-bleau, en Octobre 1783. Leur table étoit fervie en couverts d'étain; fix couverts d'argent, qu'on leur a vus pendant fix mois, appartenoient au Baron de Vieuvillers. Le chétif mobilier difparoilfoit par intervalle, foit pour échapper aux faifies, foit pour aller au mont de Piété. Enfin les befoins furent fi preflans au mois d'Avril 1784, que la dame de la Motte follicita & obtint, comme une grace, la permiffion d'aliéner fa penfion & celle de fon frère ; la première de 1,500 liv. fut vendue pour 6,000 francs, la feconde de 800 francs, fut cédée pour 3,000 liv.

Les preuves de tous ces faits font dans la procédure, & les Magiftrats peuvent en acquerir de nouvelles, en appellant en dépofition, le fieur Bruffaut, Maître de l'Hôtel de Rheims, la dame Briffaut, les anciens Domeftiques des fieur & dame de la Motte, le Portier & la Portière de leur maifon & les principaux habitans de Bar-fur-Aube, où ils alloient quelque fois dans leur famille.

Ecoutons à préfent ce qu'elle dit : les fables fe fuccèdent dans fa bouche, felon le befoin qu'elle en a. Si vous ofez lui demander qu'elle prouve, elle vous préfentera pour preu-ve une circonftance non moins fabuleufe, & fe donnera feulement un ton plus affirmatif; en forte qu'un premier menfonge eft appuyé d'un fecond, celui-ci d'un troifième, & qu'avec l'imagination dont elle eft pourvue & l'affurance qui ne lui manque pas, elle fe perfuadera que vous êtes confondu.

M. le Cardinal de Rohan, difoit elle, dans fon mémoire

lui avoit donné, 50 ou 60 louis, avoit payé les dettes qui pouvoient enlever la confidération publique à fon mari, fourni 10,000 liv., pour acquitter celles du Baron de Valois, envoyé 200 louis, par le fieur de Carbonieres, dans le tems de la maladie de la demoifelle de Valois, fait quelques avances pour les frais de voyage à la Cour, & donné des confeils pour la conduite des affaires.

Cela même étoit faux; M. le Cardinal de Rohan n'a jamais donné 50 louis; il n'a jamais payé les dettes du fieur de la Motte, & la preuve s'en trouve dans le mémoire même où elle dit, que fon mari a été forcé d'obtenir un Arrêt de furféance. Jamais, non plus, M. le Cardinal n'avoit acquitté les dettes du frère; pendant la maladie de la fœur il n'avoit envoyé que 25 louis; mais admettons tous ces menfonges, & prenons les pour la vérité même. Des dettes payées diffipent les inquiétudes du moment, mais n'enrichiffent pas. 260 louis & quelques meubles en deux ans, ne font point une fortune, & la pauvreté de la dame de la Motte n'en fera pas moins inconteftable.

Que fait-elle? Dans fon interrogatoire, elle ajoute encore 200 louis qui lui ont été délivrés, dit-elle, peu de jours après fa prémière conférence. Cette fable nouvelle n'eft pas plus juftifiée que le refte. Dans fes confrontations, on lui nie le préfent de 200 louis, à fa fœur malade, & elle l'affirme, & la preuve, dit-elle, c'eft qu'elle en a donné un reçu au fieur de Carbonières, en préfence d'une Garde & de trois Femmes de chambre, qui fe nommoient, l'une Sophie, l'autre Julie & la troifième Emilie. Ce qu'il y a d'étrange, c'eft qu'elle avoit en effet des femmes de chambre, au fein de la pauvreté; mais le reçu eft auffi fabuleux que le préfent.

Suppofons pourtant encore ces 100 louis. En fera-t-il moins prouvé, que la dame de la Motte, a vécu dans la misère, jufqu'au milieu de l'année 1784? Ici vont arriver de nouvelles fictions, fans l'apparence d'une preuve, ni même d'un indice. Elle commence fa confrontation par dicter une lifte de fommes & de dates. Les faits, à mefure que le procès vieillit, vont fe perfectionnant pour elle, à tel point, qu'elle fe rappelle tout à coup, que M. le Cardinal de Rohan lui a remis 18,000 liv. au mois d'Août 1782; 9,000 liv. au mois de Décembre, 7,000 liv. dans le même mois; que dans le cours de l'année 1783, il lui a fait préfent de 63,500 liv., que dans l'année 1784, jufqu'au mois d'Août feulement, il lui a donné, en trois fois, 34,000 liv.

M. le Cardinal a nié tous ces faits, il a demandé les preuves, aucune; les indices, il n'y en a point; les témoins, pas davantage. Mais le contraire, a-t-il dit, eft prouvé par votre Mémoire. Auriez vous pu déclarer que je ne vous ai remis que 6,240 liv., & que mes confeils avoient été le plus grand de mes fecours, fi en deux années, je vous avois fait préfent de 131,000 liv. Dans un mémoire, répond-elle, on écrit tout ce qu'on veut, mais ici l'on dit vrai, & j'affirme. Vous affirmez; cela, fans doute, eft d'un grand poids; mais lorfque, d'un côté je nie, & que de l'autre, vous vous contredites vous même fi groffierement, lors qu'il eft prouvé que vous étiez dénuée de tout, logée dans le réduit le plus trifte, que vous viviez d'emprunts, que votre mobilier & votre garde robe étoient fi minces, que vous vendiez vos penfions pour fubfifter un moment, aux dépens de votre vie toute entière, que vous preniez des arrêts de furféance, comment eft il poffible de vous croire? Dans quel gouffre tout cet argent feroit-il englouti, puifque vous n'en étiez pas moins pauvre ? Elle replique hardiement : Les témoins font des impoſteurs, mon Avocat a écrit ce qu'il a jugé à propos, & moi ſeule je dis vrai. On connoit à préſent la manière de la dame de la Motte, & l'on eſt déjà paſſablement avancé, dans la connoiſſance de ſon caractère.

Sa hardieſſe va ſouvent juſques à la témérité. En 1781, dans le temps qu'elle mouroit de faim, elle ſe donne un Cabriolet & des Chevaux. Le détail des préſens chimériques de M. le Cardinal, ne s'éléve qu'à 56,000 liv. dans cette même année, & elle affirme, au hazard, qu'elle en a reçu 80,000 liv. Elle ſait que des noms reſpectables, que perſonne n'oſeroit compromettre, peuvent donner un grand poids à des allégations ſans preuve ; &, après avoir dit dans ſon mémoire, qu'elle nommera les Princes & Princeſſes du ſang Royal, qui ont verſé leurs libéralités ſur elle, elle prononce en effet dans ſes confrontations, les noms les plus dignes de reſpect ; elle cite les années, les mois, les ſommes ; & c'eſt en frémiſſant de ſon audace, que nous ſommes forcés de déclarer que, d'après les renſeignemens qui ont été pris avec ſoin, cette liſte de préſens, n'eſt preſqu'entiérement qu'une liſte de menſonges (1). Ceci acheve de faire connoître l'adverſaire de M. le Cardinal de Rohan.

____

(1) On s'eſt aſſuré que Madame la Ducheſſe d'Orléans, qu'elle a eu la témérité de nommer, ne lui a jamais rien donné ; qu'où elle cite 13.000 liv. elle n'a reçu que douze louis ; que M. d'Ormeſſon lui a fait remetre ſeulement quelques louis par la Police ; que M. le Contrôleur-Général ne lui a donné en pluſieurs fois, de ſa bourſe, qu'une quinzaine de louis ; qu'en Décembre 1783, & en Janvier 1784, elle a obtenu du Tréſor Royal une gratification de 792 liv. dont elle a donné un reçu ; qu'en Février 1784, elle demanda une nouvelle gratification, pour retirer ſes effets du Mont-de-Piété, & reçut 600 l. à condition qu'on n'entendroit plus jamais parler d'elle ; que le Département de la Marine ne lui a donné, à elle perſonnellement, que 800 livres de gratification. Ainſi, quand elle vante les préſens dont elle a été comblée, il faut entendre que dans ſa miſere elle a reçu quelques charités.

Résumons-nous donc, & posons, comme une vérité fondamentale, que la dame de la Motte étoit réduite, jusqu'au mois d'Août 1784 à une indigence réelle; que les secours, qu'elle a pû recevoir jusques-là, ont été dévorés, soit par les dettes antérieures, soit par des dépenses déplacées, & l'ont laissée dans sa misère.

Lorsque la Dame de la Motte eut vendu sa pension, & celle de son frère, elle vit que dans quelques instans alloit être consommé pour toujours le seul fonds qui auroit pu lui donner un peu de pain pendant sa vie. Il paroit que c'est à peu près à cette époque qu'elle conçût des plans plus vastes, & que commencerent ses grandes impostures.

Un caractère artificieux & hardi se mit aux prises avec un caractére confiant & loyal. M. le Cardinal de Rohan n'avoit point appris encore, ce que les hommes francs entendent dire souvent, mais n'apprennent jamais; il ne savoit pas qu'on peut tromper avec l'extérieur de la droiture, ni qu'un obligé peut trahir son bienfaiteur. Cette ignorance est, peut être, un défaut; mais, quelque puisse être la dépravation des idées, ce n'est certainement pas un vice.

Crédule par excès de franchise, il est, comme tous les hommes, plus disposé encore à croire ce qu'il désire, & il avouera que ce qu'il désiroit avec le plus d'ardeur, c'étoit de sortir de la disgrace de la Reine. Cette ambition le dominoit; & voilà sur quel fondement la dame de la Motte construisit, en projet, tout l'édifice de sa fortune.

Répandre dans le monde l'opinion d'un crédit imaginaire, & faire payer des espérances qu'on ne peut pas remplir, c'est un genre d'artifice que les intriguans employent depuis long-temps, & qui, tout usé qu'il devroit-être, fait encore bien des dupes. La dame de la Motte a porté plus loin que perſonne cette témérité criminelle, & l'on ſe tromperoit fort de croire, qu'elle n'a fait qu'à M. le Cardinal de Rohan ſes confidences menſongères; elle les portoit de tous côtés, les prodiguoit à toutes ſes connoiſſances; dans ſa maiſon, on ſe les répétoit à l'oreille; pluſieurs ajoutoient foi à ces chimères; l'indigent & le ſpéculateur s'adreſſoient à elle, l'un pour ſe tirer de ſa miſére, l'autre pour faire réuſſir ſes projets.

Et quelles étoient ces fables? On frémit de le dire. Elles violoient le profond reſpect dû à la Majeſté Royale. Son nom, ſes malheurs, la bienfaiſance de la Reine lui avoient, diſoit-elle, ouvert un accès auprès de ſa Perſonne; elle en approchoit en ſecret; honorée des témoignages de ſa bonté, elle étoit près d'en reſſentir les effets; des terres du chef de ſa famille alloient lui être reſtituées; les graces devoient bientôt couler ſur elle. En attendant qu'elle recueillît pour elle-même les fruits d'une faveur ſi honorable, elle alloit offrant ſon crédit; elle ne deſiroit que d'être utile aux malheureux; & ce qui met, enfin, le comble à tant d'audace, elle oſoit montrer avec myſtère des lettres à ſon adreſſe; elle en faiſoit remarquer les expreſſions; elle commettoit des faux, pour accréditer des menſonges.

Tout cela eſt vrai, & parfaitement prouvé. La demoiſelle d'Oliva, Me de la Porte, Avocat, un Religieux qui fréquentoit habituellement la maiſon de la dame de la Motte, en ont dépoſé. Le ſieur de Caglioſtro qui, dès ſa première entrevue avec elle, l'a entendu ſe vanter de la protection de la Reine, le déclare & le publie; le crédit ſuppoſé eſt auſſi connu par le ſieur Grénier, qui l'a déclaré à la Juſtice. Le ſieur Rétaux de Villette en convient; il nomme les perſonnes qui ſe ſont plaintes à lui, d'avoir été dupes de cette fable; il a entendu le ſieur de la Motte

s'en

s'en féliciter , autant que les autres en murmuroient. Le 18 Août dernier, le sieur de la Motte disoit encore à Laisus, son valet-de-chambre , que sa femme arrêt.e par ordre du Roi , n'étoit partie de Bar-sur-Aube, que pour se rendre aux pieds de la Reine. En Angleterre , il a publié que sa femme étoit comblée des bienfaits de la Reine ; les Diamans qu'il y vendoit, lui avoient été donnés par cette main auguste ; il a même ajouté , chose bien remarquable , que la dame de la Motte étoit souvent chargée des ordres de S. M. pour M. le Cardinal de Rohan ; l'Abbé Macdermott en dépose.

Oppressée sous cette nuée de témoignages , à quel parti la dame de la Motte s'arrêtera-t-elle. On auroit peine à l'imaginer : tous les témoins font des menteurs, dit-elle ; les voilà donc écartés d'un seul mot : ce n'est point elle qui s'est vantée des bontés de la Reine , mais M. le Cardinal lui a parlé à elle-même de marques de bienveillance dont il étoit honoré. Elle n'a jamais présenté de lettres, mais M. le Cardinal lui en a fait voir. Voilà l'une des clés de sa défense. Ce qu'elle a fait, elle l'impute. Ce dont elle est convaincue, elle en accuse. Ce qu'elle a dit , elle l'a seulement entendu. Les impostures qu'elle a imaginées , deviennent des mensonges qu'on lui a faits ; système de calomnie absurde autant qu'abominable. Transportera-t-elle sur M. le Cardinal l'intérêt qu'elle avoit d'en imposer ? Pourquoi l'auroit-il trompée , & quel fruit eût-il espéré de cette fraude ? Ailleurs que dans la bouche de la dame de la Motte, on ne trouve aucune trace des discours qu'elle lui attribue ; conciliera-t-elle ses imputations avec l'aveu qui lui est échappé tant de fois, que M. le Cardinal avoit été trompé. Un seul témoin s'éleve-t-il contre lui, & tous les témoins ne crient-ils pas contr'elle ?

C

Première époque
des artifices em-
ployés par elle,
contre M. le Car-
dinal.

LA dame de la Motte a dit, au mois de Mai 1784, à M. le Cardinal de Rohan, ce qu'elle avoit dit à tant d'autres. Sa disgrace le privoit des moyens de vérifier ce fait extraordinaire ; mais il n'écouta pas, sans beaucoup d'étonnement, le récit d'une faveur aussi imprévue ; il ne voulut pas y croire : la dame de la Motte étoit convaincue que M. le Cardinal ne reconnoîtroit point la fausseté des écritures, dont elle abusoit depuis longtems ; elle sçut qu'il ne se rappelloit pas avoir vû le caractère de celle de la Reine, ou que, s'il avoit eu quelques occasions de le voir, il ne l'avoit aucunement observé (1). Elle lui présenta de fausses lettres ; il commença de croire ; il fut ébranlé, parce que, pour ne pas l'être, il auroit fallu regarder la dame de la Motte comme un monstre d'ingratitude & d'imposture. Sûre alors qu'il n'étoit besoin, pour achever, que de lui présenter de flatteuses espérances, elle osa l'assurer que sa disgrace pourroit ne pas durer toujours, qu'elle avoit saisi des indices moins défavorables ; heureuse, disoit-elle, de pouvoir, en cultivant ces dispositions commencées, satisfaire envers lui aux mouvements de la reconnoissance ! Il n'en falloit pas plus pour consommer la fraude. Elle jugea bientôt qu'elle avoit pris un moyen sûr, & que, désormais, M. le Cardinal de Rohan viendroit au-devant de ses artifices, & travailleroit avec elle à s'aveugler lui-même.

Elle fut assez téméraire pour annoncer qu'elle procureroit une audience ; que disons-nous, téméraire ? Elle savoit en la promettant, ce qu'elle mettroit à la place. Aussitôt qu'elle vit que de trop longs délais faisoient renaître des doutes dans l'esprit de M. le Cardinal, elle exécuta un

____

(1) La dame de la Motte en a fait elle-même l'aveu. Elle prétend avoir conseillé à M. le Cardinal de chercher de l'écriture de la Reine, pour en faire la comparaison avec le caractere des fausses approbations. Ce conseil imaginaire suppose néanmoins que la personne qui dit l'avoir donné, sçavoit bien que M. le Cardinal ne connoissoit pas le caractère de l'écriture de la Reine.

projet de fausseté, dont il étoit impossible de se défendre, à moins d'en avoir conçu d'avance la perfidie & la noirceur.

La Reine se promenoit quelquefois les soirs de l'été, dans les jardins de Versailles, suivie des personnes de sa Maison. « Trouvez-vous dans les jardins, dit la dame de la Motte à M. le Cardinal de Rohan; quelque jour, peut-être, vous aurez le bonheur d'entendre la Reine, elle-même, confirmer de sa bouche, la consolante révolution que j'entrevois pour vous ». Il se promenoit lui-même de tems en tems, désirant plus ce bonheur qu'il n'osoit l'espérer : un soir, (en se rappellant toutes les circonstances, il juge que ce dut être vers le commencement du mois d'Août 1784) il étoit onze heures; la dame de la Motte vient à lui & lui dit : « La Reine permet que vous approchiez d'elle ». Il s'avance vers une personne dont la tête étoit enveloppée d'une coëffe, & que, dans sa fausse persuasion, il croit être la Reine. Un instant lui suffit pour entendre ces paroles : *Vous pouvez espérer que le passé sera oublié.* A peine elles sont prononcées; une voix annonce MADAME & Madame COMTESSE D'ARTOIS ; il se retire, en exprimant sa profonde & respectueuse reconnoissance, rejoint la dame de la Motte, & sort des jardins avec elle, pénétré de satisfaction, & aveuglé sans retour. Plus de doutes, plus de défiance, plus d'examen, il croira tout, il exécutera tout, il ne balancera sur rien; les ordres que lui transmettra la dame de la Motte, seront à ses yeux, les ordres de la Reine elle-même, tout sera vrai, tout sera sacré pour lui.

Scène criminelle exécutée dans les jardins de Versailles.

Exécrable imposture ! Que de maux tu as faits ! Et cette horreur si extraordinaire & si funeste, elle est prouvée au procès. Dans un moment terrible, sous la disgrace du Roi, & accablé de tout le poids de son autorité, M. le

Cardinal de Rohan a dit l'illusion qui lui avoit été faite ; il l'a écrite encore de sa main, dans un récit adreſſé au Roi, le 17 Août dernier. Pouvoit-il prévoir alors qu'il en auroit la preuve ? Plus de deux mois après, une femme eſt arrêtée à Bruxelles ; enfermée à la Baſtille, elle comparoit devant les Magiſtrats, gémit, dépoſe & ſe dénonce : « C'eſt moi, dit-elle ; j'ai ſervi d'inſtrument à la tromperie, ſans en connoître la noirceur : c'eſt moi, dis-je ; ce jeu m'a été commandé, il m'a été payé : par qui ? Par la dame de la Motte ».

Oui : le ſieur de la Motte avoit rencontré la demoiſelle d'Oliva au Palais Royal, il l'avoit vue chez elle, il lui avoit annoncé, à la neuviéme viſite, une dame de la Cour. Cette dame de la Cour vient, & c'étoit la dame de la Motte. « J'ai, lui dit celle-ci, toute la confiance de la Reine ; elle me charge de trouver une perſonne. Si vous voulez faire ce qu'on vous dira, je vous ferai préſent de 15,000 liv., vous aurez encore plus des bienfaits de la Reine ; voici les lettres qui me donnent cette commiſſion ». Elle tire, & montre un porte-feuille. La demoiſelle d'Oliva conſent ; le lendemain on vient la prendre en voiture ; on la méne à Verſailles ; arrivée, on continue de lui parler au nom de la Reine. Le ſoir du lendemain, elle eſt conduite dans les Jardins ; il s'agiſſoit de s'avancer vers un Seigneur qui alloit paroître, de lui dire deux mots : ce Seigneur ſe préſente, il s'incline reſpectueuſement, elle s'acquitte de ſa commiſſion, ſe retire avec le ſieur de la Motte ; ſa femme les rejoint au bout de deux heures : » La Reine a tout vu, oſe-t-elle dire, & elle eſt ſatisfaite ». Le lendemain, les ſieur & dame de la Motte lui liſent une lettre, qu'ils diſent avoir reçue de la Reine : *Je ſuis très-contente... Elle s'eſt acquittée de ſon rôle à merveille.... aſſurez-la d'un ſort heureux.* De retour à Paris, elle dîne pluſieurs fois chez la dame de la Motte, avec les ſieur & dame de la Frenaye , avec le P. Loth , Religieux Minime, avec le fieur Davefne , le fieur Villette, beaucoup d'autres encore ; elle reçoit en plufieurs paiemens de la dame de la Motte, plus de 4,000 liv. de récompenfe.

Voilà ce que la demoifelle d'Oliva déclare , ce qu'elle foutient, au péril de s'accufer elle-même d'indifcrétion & d'imprudence. Voilà ce qui eft attefté par le Baron de Planta, qui étoit dans les jardins ; par la femme de chambre qui fervoit la dame de la Motte, & qui fut chargée d'habiller la demoifelle d'Oliva ; par le fieur Rétaux de Villette , qui déclare qu'il affifta à cette fcène infolente , & au fouper qui l'a fuivie ; par un quatrième témoin encore, qui fçait que , le 11 Août 1784, deux voitures ont conduit à Verfailles, la dame de la Motte avec fa femme-de-chambre ; le fieur de la Motte avec la demoifelle d'Oliva. C'eft donc la vérité. Et déjà elle étoit écrite par M. le Cardinal de Rohan , dans le récit qu'il avoit fait préfenter au Roi, le fur-lendemain de fa détention.

Que difoit la dame de la Motte dans fon Mémoire? Rien que de vaines plaifanteries. Que difoit-elle dabord dans la procédure ? Rien que des menfonges. Elle n'avoit jamais vu la demoifelle d'Oliva , qu'une fois par hazard, au Palais Royal ; & il eft prouvé au contraire que, la veille du voyage de Verfailles , la dame de la Motte eft allée chez elle ; comment, répondoit celle-ci avec dignité, aurois-je eu des relations avec cette fille ? Et, depuis la fcène de Verfailles, elle l'a reçue fouvent à fa table, & les convives font là pour la confondre.

Tant de preuves, un concert fi unanime entre les témoins ont enfin accablé la dame de la Motte ; elle a été contrainte d'avouer qu'elle en avoit impofé, qu'elle s'étoit parjurée, que la fcène de la demoifelle d'Oliva étoit vraie , qu'elle en étoit l'Auteur; que fon objet étoit de perfuader à M. le Cardinal, qu'il avoit entendu un mot de bonté de la bouche de la Reine. Elle s'eft donc déclarée elle-même coupable du jeu le plus infolent, de la fraude la plus criminelle. La confufion auroit dû lui impofer filence; mais elle ofe encore afpirer à faire croire une fable abfurde que le moment lui fuggère. M. le Cardinal, dit-elle, s'étoit vanté fauffement auprès d'elle, de l'honneur d'approcher de la Reine, il avoit imaginé de lui dire tout auffi fauffement qu'un nuage s'étoit élevé; & la dame de la Motte, quoique, dans fon fyftême, elle n'eût jamais parlé de fon crédit imaginaire, auroit propofé néanmoins à M. le Cardinal de lui faire obtenir fon pardon, & M. le Cardinal l'auroit cru, & il auroit confenti que, pour difpofer la Reine en fa faveur, on l'inftruisît de ces odieux menfonges; il n'auroit pas frémi d'une idée fi horrible, il auroit efpéré que la Reine, avertie de fa témérité, feroit ceffer fa difgrace. Quelle abfurdité révoltante! Tout eft donc faux, excepté les vanteries de la dame de la Motte, excepté fes écritures fabriquées, excepté la fcène criminelle qu'elle a fait exécuter, pour entraîner M. le Cardinal dans le piége.

Que la demoifelle d'Oliva ne fe foit point rappellé les expreffions précifes que M. le Cardinal de Rohan a entendues dans les jardins; que, dans le trouble où elle étoit, tremblante de l'idée que la Reine étoit près d'elle, & l'obfervoit, elle ait oublié une partie des paroles qu'elle a dites; que la dame de la Motte fe foit ménagé à elle-même, avec fon artifice ordinaire, un double avantage, celui de donner à la demoifelle d'Oliva des inftructions incompatibles avec le rôle qu'elle vouloit lui faire jouer, & celui de l'empêcher en même-temps de les fuivre, en jettant le défordre dans l'ame de fon actrice; qu'elle fe foit affurée par là, de produire l'illufion qu'elle projettoit, & d'avoir cependant des circonftances à oppofer à ce projet, lorfqu'elle en feroit convaincue; que la demoifelle d'Oliva ajoute quelques faits que M. le Cardinal n'a pas pu remarquer; tout cela n'enleve rien aux preuves de la fraude la plus extraordinaire & la plus criminelle, qui ait jamais été pratiquée. Et qu'eft-il befoin de preuves, quand la machinatrice fait l'aveu de fon crime?

Après ce fatal moment, M. le Cardinal de Rohan n'eft plus feulement confiant & crédule, il eft aveugle, & fe fait de fon aveuglement même, un devoir inviolable : la foumiffion aux ordres qu'il recevra par la dame de la Motte, s'enchaîne au fentiment profond du refpect & de la reconnoiffance, qui vont difpofer de fa vie entière; il attendra avec réfignation le moment, où la bonté qui le raffure voudra bien fe manifefter; mais, en attendant, il obéira à tout; tel eft l'état de fon ame; enfin la manœuvre eft vraiment confommée; le temps des travaux eft paffé pour la dame de la Motte; elle n'a plus que des profits à recueillir.

Elle ne différa pas; le mois d'Août 1784 n'étoit pas écoulé; déjà elle avoit imaginé de demander un prompt fecours, de 60,000 l. pour des infortunés à qui elle favoit, difoit-elle, que la Reine s'intéreffoit; & à l'inftant, le Baron de Planta avoit porté cette fomme à la dame de la Motte, pour prévenir les intentions annoncées de la Reine. La dame de la Motte n'eut pas la force de cacher fes tranfports à tout le monde; un de fes amis l'a vue inquiéte avant d'avoir reçu, yvre de joie après; elle n'avoua que 20,000 liv. mais *c'eft la Reine*, lui dit-elle, *qui a ordonné au Cardinal de me remettre cette fomme ; il a ordre de me compter jufqu'à* 150,000 liv.

Elle avoit, en effet, déterminé que cela feroit ainfi. En Novembre, elle fait demander à M. le Cardinal de Rohan 100,000 liv. pour une même deftination! Il envoye des ordres de Saverne, & dans ce mois les 100,000 l., font délivrées, encore par le Baron de Planta.

Ces deux faits font prouvés; & la dame de la Motte dont la bouche eft accoutumée à mêler quelque fable dans toutes les vérités, fuppofe que 45,000 liv. lui ont été dônnées par M. le Cardinal, depuis le 23 Août, jufqu'à la fin de Décembre; qu'il lui a remis 35,000 liv. en deux fois par lui-même, à Paris, dans un tems où il étoit à Saverne, comme cela eft prouvé par des actes authentiques, qui feront produits & publiés.

Suivons à préfent la conduite de la dame de la Motte, pendant les quatre derniers mois de l'année 1784. Cette femme, fi pauvre jufques-là, cette femme fans reffource, qui n'avoit eu que quelques fecours dévorés auffitôt que reçus, & qui venoit de vendre fa penfion & celle de fon frère, pour une fomme de 9,000 liv.; nous allons voir les changemens que fa fortune éprouve.

L'expérience de tous les temps a montré que la pauvreté laborieufe eft l'école de la fageffe & de la modeftie, mais que la mifère intriguante n'a jamais fçu différer le moment de jouir : elle diffipe en profufions ce qu'elle a acquis par le crime. La dame de la Motte n'avoit à craindre que la vigilance de M. le Cardinal de Rohan; elle évitoit fes regards : fouvent, quoiqu'elle fût à Paris, elle lui faifoit dire qu'elle étoit à Verfailles; fes domeftiques étoient chargés d'annoncer, à chaque fois, qu'elle venoit de partir; qu'un ordre, un Courier de la Reine l'avoit appellée fubitement

à

à la Cour. Elle voyoit peu M. le Cardinal, fur-tout chez elle ; c'eſt un fait qu'elle-même avouoit à ſes connoiſſances ; &, les quatre ou cinq fois qu'il y eſt allé , dans le cours de trois ans, toujours elle l'a reçu dans une chambre haute, où elle avoit ſoin de laiſſer paroître tout le dénuement de l'indigence. La dernière fois, au mois d'Août 1785 , il eſt entré dans un appartement , dont le mobilier n'avoit rien de remarquable.

Voici donc ce qui eſt arrivé. La dame de la Motte ne poſſédoit, au mois de Juillet 1784, que le prix des Penſions ; ce n'étoit que 9,000 liv. : mais l'économie lui avoit toujours été impoſſible. C'eſt le temps de ſa première argenterie ; le ſieur Régnier lui en fournit pour 912 liv.

Au mois d'Août, elle tient dans ſes mains une ſomme de 60,000 liv. & le ſieur Régnier reçoit d'elle, tout-à-coup , les commandes les plus importantes ; il lui livre une belle argenterie ; il fait pour elle, en Novembre , des bracelets de brillans. Au commencement de Janvier 1785 , ſon mémoire ſe montoit à 15,483 liv.

D'un autre côté , le ſieur de la Motte achéte , au mois d'Août, une voiture, des chevaux ; il prend trois nouveaux domeſtiques, & les emméne à Bar-ſur-Aube.

Il y conſomme l'achat d'une maiſon de 18 à 20,000 liv. L'argent lui a été porté en Novembre par la Meſſagerie ; & le témoin qui a mis cet argent à la voiture publique, a été entendu dans le Procès.

Pendant le mois de Novembre , un témoin a vu entre les mains de la dame de la Motte , une grande quantité de billets de caiſſe.

Elle a prêté , en Décembre, des ſommes conſidérables à trois perſonnes.

D

On affure que, le 5 Decembre, elle a pris un caroffe au mois.

Une révolution grande, fubite, extraordinaire s'eft donc faite dans la deftinée de la dame de la Motte; elle étoit pauvre, & la voilà, tout-à-coup, opulente; or elle venoit de féduire M. le Cardinal de Rohan dans les jardins de Verfailles par une apparition trompeufe, & il lui étoit échappé de dire, en recevant de premiers fonds, que la Reine avoit ordonné à M. le Cardinal, de verfer dans fes mains jufqu'à cinquante mille écus. L'évidence de la fraude ne peut pas être plus claire.

Plan d'une autre fraude.Le fuccès qu'avoient eu ces deux épreuves (& le fuccès étoit infaillible, depuis la fcène jouée dans les jardins) engagea la dame de la Motte à entreprendre une manœuvre plus importante. Elle étoit affurée que rien ne réfifteroit à fes projets; elle fçavoit que des ordres, fuppofés par elle, feroient révérés, comme fi M. le Cardinal de Rohan les avoit entendus lui-même; elle fçavoit que des lettres imaginaires feroient écoutées avec refpect, & à l'abri de tout examen. Des événemens imprévus pouvoient furvenir, & altérer cette confiance aveugle; il falloit donc profiter des inftans; elle penfa à ce fameux Collier, dont on a parlé dans le monde, il y a quelques années, & conçut le deffein de fe l'approprier. Rien d'auffi grand ne s'étoit vu, depuis long-temps, dans les annales de l'intrigue; mais auffi rien de plus facile ne s'étoit fait, depuis que la fraude s'occupe à dreffer des piéges; tant l'erreur de M. le Cardinal étoit profondément enracinée! Suivons le fil de cette importante machination, & que la dame de la Motte, déjà convaincue d'impofture, foit prife à chaque pas dans les filets qu'elle a tendus à la candeur.

Il faut sçavoir, d'abord, que, dans le mois de Décembre 1784, M. le Cardinal de Rohan étoit à Saverne, & qu'il n'en est revenu que le 5 Janvier 1785 (1). C'est dans le mois de Décembre, c'est en son absence, que la dame de la Motte forma son projet, & qu'elle commença de l'exécuter.

Deuxiéme époque des artifices de la dame de la Motte, c'est l'objet du Procès.

Vers la fin de ce mois, le sieur Hachette se rencontre avec les sieurs Boëhmer & Bassange, Jouailliers de la Couronne ; il leur parle de leur *célébre Collier* ; il se trouve qu'ils ne l'ont pas vendu encore, & qu'ils ont tenté inutilement de s'en défaire ; ils désirent de trouver des Protecteurs à la Cour, qui puissent leur procurer la vente de ce Collier. Le sieur Hachette ne connoît personne ; mais son gendre, dit-il, Me de la Porte, Avocat en la Cour, a des liaisons avec une Dame *honorée des bontés de la Reine*.

Premier ordre de faits relatifs à cet objet.

Honorée des bontés de la Reine ! On voit que cette fausse renommée d'un crédit chimérique, accompagne toujours & par-tout le nom de la dame de la Motte ; car c'étoit elle même. A la priere des Jouailliers, le sieur Hachette lui députe son gendre ; il trouve en elle l'apparence de l'indécision ; mais elle finit par demander qu'on lui apporte le Collier ; il lui est présenté le 29 Décembre 1784 : sans la répugnance qu'elle sent, dit-elle, à se mêler de toute négociation d'af-

---

(1) La dame de la Motte a voulu persuader que M. le Cardinal étoit revenu de Saverne, en Décembre, ou même en Novembre 1784 : elle place, comme on l'a dit, dans ces deux mois des présens qu'il lui auroit faits, lui-même & de sa propre main. Cela est faux ; le faux est prouvé par actes ; & ce mensonge très-important, éleve contre la dame de la Motte, un argument invincible. Il faut en dire autant d'un autre fait semblable, dont elle a cru avoir besoin. Selon elle, le sieur de Cagliostro s'étoit caché deux mois à Paris dans un hôtel garni, avant de paroître dans sa maison, le 30 Janvier ; cela est faux encore. Un acte de notoriété prouve que les sieur & dame de Cagliostro étoient à Lyon, le 27 Janvier. Ces impostures continuelles sont dégoûtantes autant que méprisables.

faires , elle leur rendroit volontiers fervice ; mais, après un épanchement fi fincère , elle laiffe pourtant des efpérances.

Les Jouailliers font fi touchés, qu'ils offrent un cadeau, dont ils parlent au premier Négociateur. Trois femaines s'écoulent ; alors la dame de la Motte fait prier le fieur de la Porte , de dire aux Jouailliers de venir la voir le lendemain; il s'acquite de la commiffion , & le fieur Baffange fe rend chez elle le 21 Janvier 1785 : le fieur Hachette étoit préfent. Elle leur fait voir des efpérances plus prochaines; elle leur annonce que la Reine défire le Collier , & qu'un grand Seigneur *fera chargé* de traiter cette négociation *pour fa Majefté.* Elle les invite à prendre avec lui toutes les précautions poffibles : Me de la Porte, qui le fut le lendemain , foupçonna qu'il s'agiffoit de M. le Cardinal de Rohan, & marqua fon étonnement. *Par mon crédit* , répondit-elle , *il n'eft plus dans la difgrace :* le 24 Janvier , les Jouailliers reçoivent , à fept heures du matin , la vifite du mari & de la femme ; les fieur & dame de la Motte leur confeillent encore les précautions; ils leur repétent, que le Collier fera acheté pour la Reine ; ils les avertiffent que le négociateur va paroître , & il paroît. Lorfque le traité eft conclu , les fieurs Boëhmer & Baffange fe rendent , le 4 Février , chez la dame de la Motte, pour lui faire leurs remercimens, &, quelque temps après, elle dit à Me de la Porte, furpris de ce que la Reine ne portoit pas le Collier, qu'elle ne le porteroit que quand il feroit payé. Enfin la dame de la Motte eut l'audace de montrer , un jour , à l'un des témoins, en préfence du fieur Grenier, un papier à vignette, qu'elle leur dit être une lettre de la Reine, avec une enveloppe fur laquelle elle fit remarquer ces mots : A MA COUSINE LA COMTESSE DE VALOIS. Tout cela eft prouvé par les dépofitions.

Il y a loin de ce récit, à celui que la dame de la Motte a fait dans fon Mémoire. Si l'on y ajoutoit foi, il faudroit croire que, d'eux-mêmes & fans aucun motif d'efpérance, des Jouailliers font venus préfenter un Collier de 1,600,000 l. à une femme inconnue, & dénuée de tout crédit ; qu'elle a prefque refufé de fe prêter à la complaifance de le voir, que fon mari n'y a jetté qu'un coup-d'œil, qu'à peine il l'a eftimé 30,000 liv., & qu'ils l'ont remporté ; qu'elle n'en a dit qu'un mot indifférent en fimple converfation à M. le Cardinal, & qu'il a répondu avec la même indifférence ; (1) cependant M. le Cardinal lui auroit fait demander le lendemain, l'adreffe des Jouailliers ; elle auroit envoyé chez Me de la Porte pour la fçavoir, &, après l'avoir fçue, le fieur de la Motte feroit encore allé chez eux ; pourquoi faire ? Elle ne l'explique pas.

On voit qu'elle a fenti qu'il lui étoit impoffible de fupprimer toutes les traces de fa correfpondance avec les fieurs Boëhmer & Baffange, & que, ne pouvant, fans le plus grand péril, ni avouer les faits tels qu'ils font, ni les nier tous fans exception, elle a pris un parti, peut-être plus dangereux pour elle, celui de chercher un milieu entre la vérité & le menfonge.

A préfent, puifque la vérité eft bien connue, arrêtons-nous un moment, pour la confidérer avec l'attention qu'elle mérite.

La dame de la Motte s'arrogeoit en toute occafion le faux honneur d'une protection augufte, qu'elle n'a jamais

Fauffetés, dans le Mémoire de la dame de la Motte, fur ces premiers faits.

Réflexions fur ces premiers faits.

____

(1) Selon fon Mémoire, la dame de la Motte n'a dit qu'un mot indifférent à M. le Cardinal ; fi l'on croit ce quelle dit à la confrontation, elle étoit chargée de l'inviter à faire vendre le Collier, & s'eft acquitté de cette commiffion. Voilà, comment, fuivant le befoin des circonftances, elle fe joue de la vérité & du menfonge même.

eue, & elle montroit de fauffes lettres pour appuyer fon impofture. Cela eft prouvé.

Elle avoit eu l'audace de faire jouer une fcène infolente pour tromper M. le Cardinal de Rohan. Cela eft prouvé, & même avoué.

Après l'avoir ainfi frappé d'un aveuglement incurable , elle avoit déjà recueilli le fruit de fa perfidie : cela eft également prouvé.

Sa cupidité s'allume ; & , pour la fatisfaire, qu'a-t-elle fait ? Examinons chaque démarche.

M. le Cardinal de Rohan n'eft point à Paris , il ne fçait rien ; cependant elle prie Me de la Porte d'inviter les Jouailliers à lui montrer leur Collier ; ils l'expofent fous fes yeux ; elle leur donne des efpérances. En ce moment, que fe paffe-t-il dans fon ame ? Ces efpérances qu'elle donne, fuppofent que fa penfée étoit, alors, de trouver un acquéreur. Si c'eft un autre que la Reine , qu'elle nomme la perfonne à qui elle projettoit de faire acheter une parure de 1,600,000 liv. Etoit-ce la Reine ? La dame de la Motte fçavoit bien pourtant qu'elle n'avoit point d'accès auprès de S. M., & qu'elle ne pouvoit rien : elle fçavoit également que M. le Cardinal de Rohan n'avoit pas l'honneur d'approcher de la Reine, & que , fi la fraude lui avoit perfuadé qu'il n'étoit plus dans la difgrace , il vivoit dans une erreur profonde ; elle étoit donc bien affurée que ni M. le Cardinal, ni elle, ne pouvoient faire acquérir le Collier par la Reine : cependant elle donne des efpérances. Sur quoi pouvoient-elles être fondées, fi ce n'eft fur l'abus qu'elle fongeoit à faire de l'opinion de M. le Cardinal, & fur la féduction qu'elle employeroit avec un homme aveuglé par elle-même ? Ainfi, dès cette première entrevue, la voilà convaincue de méditer......ce qu'elle a fait.

Paſſons à la ſeconde : le 21 Janvier, elle dit aux Jouailliers que la Reine déſire le Collier : cependant elle ſavoit bien encore que la Reine n'y penſoit point; le déſir qu'elle ſuppoſe, elle ne le connoît, ni par M. le Cardinal, puiſqu'il n'a pas l'honneur de parler à la Reine, ni par elle-même à qui tout accès eſt également interdit : & perſonne, aſſurément, n'étoit plus inſtruit d'une diſgrace, dont elle avoit fait la matière de ſes exécrables jeux. Elle prononce donc un menſonge, & ce déſir dont elle parle, c'eſt une fable qu'elle ſeule a conçue : cependant elle ajoute qu'*un grand Seigneur ſera chargé de traiter de l'acquiſition pour la Reine.* Il ne ſera pas chargé par la Reine, elle le ſçait; il ſera donc chargé par la dame de la Motte, elle-même, qui feindra des ordres de la Reine, enſorte qu'au moment, où elle prononce en préſence des S^{rs} Baſſange, Hachette & de la Porte ces paroles : *un grand Seigneur ſera chargé*, elle eſt parfaitement convaincue d'avoir intérieurement prononcé celles-ci : *Je tromperai le grand Seigneur.* Les trois témoins qui ont dépoſé des premières paroles, dépoſent donc, en effet, de la fraude ; & l'artifice eſt trahi par lui-même.

Et remarquons ici que les Jouailliers vont traiter ſur la foi de la dame de la Motte ; c'eſt à elle qu'ils ſe ſont adreſſés en Decembre, parce qu'ils la croyoient honorée des bontés de la Reine : c'eſt elle qui leur aſſure que la Reine veut acquérir le Collier : c'eſt elle qui leur annonce qu'un grand Seigneur doit être chargé de traiter avec eux ; ils ſavent, & cela n'étoit que trop notoire, que M. le Cardinal de Rohan étoit dans la diſgrace ; un des témoins en fait l'obſervation, la dame de la Motte le trompe, en l'aſſurant que cette diſgrace a ceſſé ; les Jouailliers voyent les S^{r} & Dame de

là Motte fuivre affiduement tout le cours de cette négociation; ils arrivent l'un & l'autre chez ces marchands le 24
Janvier à fept heures du matin; ils annoncent que le grand
Seigneur va paroître, & M. le Cardinal de Rohan furvient,
en effet, un moment après leur retraite. C'eft à la dame de
la Motte que les fieurs Boëhmer & Baffange vont porter
leurs remercîmens, le 4 Février, quand la négociation eft
confommée; c'eft à elle qu'ils fongent à faire offrir un
préfent: enfin, comme on va le voir, ils ont remis le
Collier à M. le Cardinal de Rohan, avant qu'il leur eût
prononcé que l'acquifition s'en faifoit pour la Reine: ils le
fçavoient, parceque la dame de la Motte le leur avoit dit;
mais ils avoient traité avec M. le Cardinal, fans qu'il les en
eût inftruits. Tous ces faits, déclarés à la Juftice par les
Jouailliers eux-mêmes, font conformes au récit qu'ils en
ont fait au Miniftre du Roi, dans un Mémoire remis le
23 Août dernier, depuis la détention de M. le Cardinal.
Qu'il feroit à défirer que les mêmes faits euffent été ex-
pofés dans le Mémoire remis au Roi le 12! Le Roi auroit
connu la féduction pratiquée par la dame de la Motte,
en même temps que les effets qu'elle a produits.

Ce que M. le Cardinal a donc préfentement à raconter
fur la négociation, la conduite de la dame de la Motte l'a
déjà fait connoître d'avance. Elle lui déclara, quand il revint
de Saverne, que la Reine défiroit d'acheter le Collier des
fieurs Boëhmer & Baffange, & entendoit le charger de
fuivre les détails & de régler les conditions: elle lui dit
précifément ce qu'elle a dit aux Jouailliers; il n'eut garde
d'en douter: elle lui montra des lettres; il y crût fans
balancer: il fe permit feulement quelques obfervations fur
une acquifition auffi importante; mais, peu de jours après,

*Deuxiéme or-
dre de faits, re-
latifs à cet arti-
fice.
Impofture
exercée, contre
M. le Cardinal.*

la dame de la Motte lui rapporta qu'elles n'avoient pas fait changer d'avis : il fe prépara donc à obéir , & n'apperçut qu'une occafion précieufe de marquer fon refpect , & de montrer fon zèle.

C'eft le 24 Janvier qu'il fe rend chez les Jouailliers : prévenus de fon arrivée ; comme ils l'étoient à fon infçu, après lui avoir expofé plufieurs bijoux , ils ne manquent pas de lui préfenter la riche parure ; il en demande le prix ; elle a été, lui répondent-ils, eftimée 1,600,000 liv. Il ne cache pas , alors, l'intention de traiter , non pour lui-même , mais pour une perfonne qu'il ne nomme pas , & qu'il obtiendra, peut-être , la permiffion de nommer ; & il fe retire. Obfervons que ces détails & tous ceux qui vont fuivre, font conformes aux Mémoires remis par les Jouailliers, le 12 & le 23 Août dernier , conformes auffi à leurs dépofitions, & (ce qui doit peut-être frapper davantage encore) conformes à la plainte même de M. le Procureur-Général , rédigée fur les premieres notions de la vérité.

Quelques jours après , ils revoyent M. le Cardinal ; il leur montre , cette fois , des conditions, qu'une difcrétion refpectueufe l'avoit feule engagé à écrire de fa propre main. Elles portoient, 1° que le Collier feroit eftimé , fi le prix de 1,600,000 liv. paroiffoit exceffif ; 2° que les payements fe feroient en deux ans , de fix mois en fix mois ; 3° qu'on pourroit confentir à des délégations ; 4° que, fi ces conditions étoient agréées par l'acquéreur , le Collier devoit être apporté le 1er Février au plus tard ; les Jouailliers acceptent & fignent ; M. le Cardinal fort , fans avoir nommé perfonne.

Il remet à la dame de la Motte cet Ecrit revêtu de l'acceptation des Jouailliers , pour le faire paffer fous les yeux de la Reine : deux jours après , elle le lui rapporte. La marge portoit des approbations à chaque article ; au bas se trouvoit une signature : *Marie-Antoinette de France.*

Ceux pour qui , jusqu'à présent , l'histoire de la fraude n'a commencé qu'en cet endroit , ont été surpris que la signature n'ait pas excité les soupçons de M. le Cardinal de Rohan. Avoient-ils fait la réflexion que voici ? S'il eût commandé la fausse signature ; si , pour employer les expressions des Lettres-Patentes , il en eût été ou *l'auteur* ou le *complice*, cette signature feroit faite avec plus d'intelligence. Qu'il l'ait reçue telle qu'elle est , cela n'est qu'étonnant ; qu'il l'ait fait faire ainsi , cela est impossible. Mais aujourd'hui qu'on sçait tous les degrés par lesquels il avoit été conduit , tous les artifices employés pour le séduire ; aujourd'hui qu'on le voit convaincu des relations de la dame de la Motte avec la Reine , occupé sans cesse du mot de bonté qu'il avoit entendu dans les jardins, pénétré , de respect, de reconnoissance , de zèle , & frappé d'un aveuglement inévitable, l'étonnement peut se dissiper. Il doit croire ce que lui dit la dame de la Motte , parcequ'elle le lui dit ; il doit-être assuré des ordres qu'elle lui fait parvenir , parce qu'elle est à ses yeux l'organe d'une volonté certaine ; il est forcé à ces sentimens par l'état de son ame : il n'y a jamais que le soupçon qui vérifie , & la confiance ne soupçonne pas. Examine-t-on ce qui vient d'une main sûre ? & M. le Cardinal de Rohan, enveloppé d'illusions , n'étoit-il pas sûr alors, que la dame de la Motte lui avoit procuré une marque de bonté de la Reine , & lui tranfmettoit ses commandemens ?

Aussitôt que les approbations lui sont parvenues , il avertit les Jouailliers que le traité est conclu ; il leur écrit un billet le 1ᵉʳ Février au matin , & leur mande d'apporter l’objet en queſtion. Dans ce billet, pas un mot de la Reine. Ils l’apportent ſur la foi de M. le Cardinal, & ils le lui livrent, avertis, il eſt vrai, à ſon inſçu, par la dame de la Motte, qu’ils vendoient pour la Reine, mais, ſans que ce nom révéré eût été prononcé une ſeule fois par lui-même.

Voila donc M. le Cardinal poſſeſſeur des diamans ; ſi c’eſt là tout ce qu’il déſiroit, il a lieu d’être content : que va-t-il faire ? Les Jouailliers n’ont, dans les mains, aucune preuve, aucun indice qu’ils aient cru vendre à la Reine : s’ils exigent un reçu ; que M. le Cardinal le leur donne, & tout eſt fini : fixons-nous ſur cette époque importante.

Pour obtenir le Collier, il n’a point parlé de la Reine. Quand il le poſſéde, il en parle pour la premiere fois. Ce trait eſt caractériſtique & ſûr ; il eſt bien évidemment perſuadé qu’il vient d’acheter pour la Reine. Criminel en effet, il eût été trop heureux d’avoir atteint ſon but, ſans faire uſage de l’inſtrument de fraude. Mais, innocent & pur, c’eſt alors qu’il s’explique ; il commence à parler, au moment où un coupable commenceroit à ſe taire, & voudroit même, s’il étoit poſſible, reprendre les paroles qui lui ſont échappées, pendant le cours de la négociation. La candeur n’a pas de plus grand caractère.

C’eſt pour la Reine, dit-il aux ſieurs Boëhmer & Baſſange, que vous venez de livrer ce Collier. Voici les conventions acceptées par S. M. ; il leur montre l’écrit ; ils le liſent, & paroiſſent remplis de joie ; ils le rendent, & M. le Cardinal les invite à en prendre copie ; ils ne la demandoient pas ; la copie eſt faite par eux-mêmes, ſans que la ſingularité de la ſignature éléve dans leur eſprit le moindre doute. La dame de la Motte ne leur avoit-elle pas dit que la Reine déſiroit

Premier trait de la bonne-foi de M. le Cardinal.

Il ne parle de la Reine, quelorſ-qu’il poſſéde le Collier.

le Collier ; qu'un grand Seigneur feroit chargé d'en traiter pour elle ? M. le Cardinal de Rohan ne vient-il pas de leur dire encore qu'il a traité pour la Reine ? ils le croyent, & la vue de l'Ecrit, l'examen qu'ils en font, puifqu'ils le copient, n'excite pas en eux la moindre inquiétude ; tant il eft vrai que ceux qui font perfuadés d'avance, ne reçoivent pas les foupçons, que l'homme froid qui les juge, s'imagine qu'il auroit conçûs à leur place! Pour être frappé de cette vérité morale, il fuffit d'avoir la plus légère connoiffance du cœur humain.

La dame de la Motte avoit réfléchi qu'elle ne devoit pas établir un confentement de la Reine aux délégations demandées, parce que c'eût été une opération qu'il auroit fallu faire à l'inftant même, & dont l'inexécution auroit trop tôt démafqué fon artifice. M. le Cardinal en avoit conçu l'idée, en écrivant le projet de conventions, parce qu'il étoit de bonne-foi ; la dame de la Motte, parce qu'elle ne l'étoit pas, fentit qu'il falloit que la Reine parût s'y refufer ; elle le dit à M. le Cardinal, qui en inftruifit les Jouailliers. Le fieur Baffange prétend que M. le Cardinal lui montra une lettre pliée, dans laquelle il lut ces mots : *Je ne traite pas ainfi avec mes Jouailliers ;* il ajoute que la lettre avertiffoit de garder l'Ecrit, & d'arranger, au furplus, le tout comme M. le Cardinal le jugeroit à propos. M. le Cardinal ne s'en fouvient pas ; felon l'idée confufe qu'on lui donne de cette lettre, elle s'appliquoit à d'autres circonftances & à un temps poftérieur, c'eft-à-dire, au moment, où le fieur de Saint-James auroit défiré d'être autorifé par un mot de la Reine elle-même, à faire l'avance pour elle des paiements auxquels elle paroiffoit obligée. Quoi qu'il en foit, les Jouailliers conviennent qu'ils n'ont point demandé la remife des approbations ; qu'ils n'en demandoient pas même la copie ; qu'ils ne l'ont prife que fur l'invitation de M. le Cardinal ; que la lettre pliée ne s'appliquoit qu'au refus des délégations ; &, en général, il n'y a pas un feul des faits que nous venons d'expofer, qui ne foit établi par le Mémoire que les Jouailliers ont remis au Roi, par leurs dépofitions, leurs récollemens & leurs confrontations.

Ils avoient annoncé verbalement, le 29 Janvier, le défir, que les intérêts leur fuffent payés, à compter du jour de la première échéance. La dame de la Motte, qui voyoit fix mois de délai pour le commencement du cours de ces intérêts, comme pour le premier payement, n'apperçut pas qu'il y eût de difficulté à y confentir. Le projet de conventions n'en parloit pas ; mais elle montra, dans la journée du 1er Février, à M. le Cardinal de Rohan, une fauffe lettre, par laquelle la Reine paroiffoit accorder ces intérêts ; & ce moment eft encore bien intéreffant à faifir, pour ceux qui aiment la vérité.

Les Jouailliers ne poffédoient aucune piéce qui prouvât qu'ils euffent vendu pour la Reine ; une copie de leur main n'étoit pas un titre ; la plus fimple dénégation fuffifoit pour l'écarter.

M. le Cardinal de Rohan, en poffeffion du Collier, fans avoir nommé la Reine, M. le Cardinal de Rohan, qui n'avoit prononcé ce nom refpectable, que depuis qu'il avoit reçu les diamans, va donner aux Jouailliers la première piéce, où l'acquifition pour la Reine foit annoncée. Il leur écrit, le 1er Février, en ces termes : « M. Boëhmer, S. M. la Reine *m'a fait connoître*

» que ses intentions étoient que les intérêts de ce qui sera
» dû après le premier payement, fin d'Août, courent &
» vous soient payés successivement avec les capitaux, jusqu'à
» parfait acquittement. *Signé* le Cardinal DE ROHAN »,
Les Jouailliers étoient dépouillés ; ils avoient livré à la foi
de M. le Cardinal, & voilà ce que, de lui-même, il
leur donne. Observons qu'il n'écrit pas : la Reine *m'a dit* ;
mais, la Reine *m'a fait connoître ;* tant il est exact jusques
dans les expressions qui peignent le genre des relations
qu'il croyoit avoir avec la Reine !

Toisiéme trait de la bonne-foi de M. le Cardinal.

La piéce matérielle du faux, le corps de délit, sont conservés par lui respectueusement.

Qu'AUROIT fait, du moins, un trompeur, s'il avoit connu la fausseté des approbations, & tenu les diamans dans ses mains ? Il auroit brûlé à l'instant le coupable Ecrit ; il en auroit effacé jusqu'à la moindre trace. Non-seulement, au contraire, M. le Cardinal de Rohan en fait prendre copie ; non-seulement il écrit lui-même, comme on vient de le voir ; mais il garde religieusement la piéce fausse ; il la conserve avec tout le respect qu'on devroit à un papier émané de la Reine ; il la représente encore aux sieurs Boëhmer & Bassange, quelques jours après ; il la fait voir, à leur prière, au sieur de Saint-James, créancier des Jouailliers, pour une somme de 800,000 l. & intéressé par là à connoître la disposition qu'on avoit faite de son gage ; le sieur de Saint-James l'a lue ; & convaincu qu'il étoit de sa vérité, la signature ne lui a inspiré aucun doute ; l'idée d'en concevoir ne lui est pas venue, non plus qu'aux Jouailliers, non plus qu'à M. le Cardinal. Celui-ci réfléchit, peu de temps après, sur les hazards des événemens ; il enveloppe l'Ecrit dans un papier blanc, avec cette suscription de sa main : *En cas de mort, cette piéce doit être remise aux sieurs Boëhmer & Bassange.* Ce dernier l'a raconté lui-même au sieur

Serpaud, Fermier Général, qui l'a déclaré à la Justice. Enfin, pour le dire par anticipation, c'est M. le Cardinal de Rohan qui a dénoncé l'Ecrit au Roi, le 15 Août dernier, comme la pièce justificative de toute sa conduite : il l'a remis au Ministre pour le Roi ; on ne le tient que de sa main ; il n'existe que parce qu'il l'a cru vrai ; il ne seroit plus, depuis long-temps, si la fausseté eût été son ouvrage. Sa candeur éclate donc par la pièce même qui prouve un crime ; cette pièce confiée au Ministre est dans le Procès : si elle peut faire partie de l'Instruction, elle crie en faveur de M. le Cardinal de Rohan, à qui seul on la doit ; ce seroit à lui seul à la produire pour sa justification. Considérée en soi, c'est un corps de délit qui démontre un coupable ; mais, dans les mains de M. le Cardinal, c'est une preuve invincible de son innocence.

Que restoit-il à faire après avoir reçu la parure de diamans ? La faire remettre à la Reine par celle qui, aux yeux de M. le Cardinal, servoit d'organe à ses volontés : il s'en occupe à l'instant. Avant de se rendre à Versailles, il croit se rappeller qu'il vit le sieur de Cagliostro, & qu'il lui dit : » Voilà une boîte précieuse : je l'emporterai ; elle est des- » tinée pour la Reine ». Il l'emporta, en effet : arrivé à Versailles, il sort pour aller chez la dame de la Motte, qui demeuroit Place Dauphine, chez le nommé Gobert ; il se fait suivre par Schreiber, son Valet-de-Chambre, qui se charge de la boîte ; M. le Cardinal la prend de ses mains à la porte, & monte : il trouve la dame de la Motte seule, & lui présente le riche fardeau qu'il portoit. Elle se contient ; la Reine attend, dit-elle ; ce Collier lui sera remis ce soir : quelque temps après paroît un homme, qui se fait annoncer de la part de la Reine : M. le Cardinal se retire par discrétion dans une alcôve à demi ouverte ; l'homme remet un billet ; la dame de la Motte le fait sortir un moment, se rapproche de M. le Cardinal, lui lit ce billet, portant ordre de remettre la boîte au Porteur : on le fait rentrer ; la boîte lui est livrée, & il part. M. le Cardinal croit y voir le dernier acte d'une commission fidélement remplie ; l'intriguante, enyvrée d'une joie secrette, y voit le dénouement de sa brillante aventure. Quel est cet homme ? Il est signalé dans l'Ecrit que M. le Cardinal a pris la liberté d'adresser au Roi, le lendemain de sa détention. C'est aux yeux de M. le Cardinal, un homme qu'il avoit entrevu dans les jardins, le 11 Août 1784, auprès de la demoiselle d'Oliva ; la dame de la Motte lui dit alors que cet homme étoit attaché à la Chambre & à la Musique de la Reine.

Faits postérieurs, à la remise du Collier.

NOUS voilà parvenus à la consommation de l'imposture & du vol. Il faut suivre à présent un double ordre de faits. Toujours, dans la conduite de M. le Cardinal, on va voir les mêmes caractères de bonne foi ; toujours, dans celle de la dame de la Motte la même fausseté ; & de plus, ses profusions, vont dénoncer à toute la terre, le trésor qu'elle vient d'acquérir.

Quatriéme trait de la bonne-foi de M. le Cardinal.
Il veut sçavoir si la Reine porte le Collier.

M. le Cardinal ne doute pas que le Collier ne soit remis entre les mains de la Reine ; dès le lendemain, 2 Février, il charge le nommé Schreiber d'accompagner le sieur Ghérardi, Officier du Régiment d'Alsace, au dîner de S. M., & d'observer comment elle seroit mise : il rapporta, au retour, qu'il n'y avoit rien de nouveau dans sa

parure :

parure: cette circonftance ne fit aucune impreffion à M. le Cardinal. Il a fupplié la Cour de recevoir la dépofition de Schreiber; c'eft lui-même qui, la veille, avoit porté la boîte de diamans, jufqu'auprès de la maifon occupée par la dame de la Motte.

Le jour fuivant, fe paffa un autre fait, bien plus ef-fenciel, & qui répand la plus éclatante lumière fur l'inno-cence de M. le Cardinal. Eft-il l'auteur ou le complice de l'abus du nom de la Reine, & de la fraude commife pour l'acquifition du Collier? Voilà toute la queftion; elle eft bien fixée par les Lettres-Patentes? A-t-il été trompeur ou trompé? C'eft-là l'unique point à éclaircir. Il l'eft déjà, fans doute, aux yeux de l'univers entier, par les faits qui précédent; mais celui-ci pourroit tenir lieu de tous les au-autres; tant il eft incompatible avec le crime, tant il eft lié avec la bonne foi & la candeur!

M. le Cardinal rencontre, le 3 Février, à Verfailles, le fieur Boëhmer, la dame fon époufe, & le fieur Baffange; apparition terrible, s'il eût été coupable! Il auroit tremblé, en les voyant fi près de la Reîne, & déjà peut-être éclairés. Au lieu de trembler, il leur dit avec empreffement: *Avez vous fait vos très-humbles remercîmens à la Reine, de ce qu'elle a acheté votre Collier?* Qu'on effaye de faire parler la bonne-foi elle-même, il fera impoffible de lui prêter un langage plus vrai, plus naïf, plus propre à la faire reconnoître. Oui; c'eft-là ce qu'il leur dit; il n'y a rien de mieux prouvé dans tout le Procès. Ils répondent qu'ils ne l'ont pas fait; il les en preffe: depuis ce moment, chaque fois qu'il les voit, il infifte, il les invite à en chercher l'occafion, à la faire naître; leurs délais excitent de fa part des fignes d'impatience; les Jouailliers l'ont raconté eux-mêmes au fieur Serpaud, qui en a dépofé; & quant au fait, du 3 Février, il eft déclaré

Cinquiéme trait de la bonne-foi de M. le Car-dinal.

Il preffe les Jouailliers de re-mercier la Reine.

F

dans leur Mémoire au Roi, il l'eft dans leurs dépofitions ; dans toute la procédure. C'eft avoir déclaré tout ce qu'il faut pour affeoir un jugement, & l'efprit le plus fé-vère n'a plus rien à éclaircir. Chofe étrange ! Ce trait eft fi certain, fi frappant qu'on en retrouve l'aveu dans le Mémoire de la dame de la Motte. Elle confeffe que M. le Cardinal invita les Jouailliers à s'adreffer à la Reine ; &, confondue par ce mot feul, elle n'échape que par une puérilité ; elle ofe dire, que c'eft une extravagance enfantée par les enchantemens du fieur de Caglioftro.

Prêt de 50,000 liv. par le fieur de Saint - James, à M. le Cardinal.

Que, fix femaines après cette époque, le fieur de Saint-James ait prêté à M. le Cardinal une fomme de 50,000 liv., qu'importe à fa bonne-foi dans la négociation du Collier ? Il ne conçoit pas encore comment, ni pourquoi la queftion lui en a été faite. La vérité eft, que les fieurs Boëhmer & Baffange lui annoncèrent que le fieur de Saint-James étoit difpofé à lui rendre fervice ; qu'il refufa : qu'ils infiftèrent ; qu'alors il convint qu'il lui feroit agréable d'accélérer un rembourfe-ment de 50,000 liv. ; que le fieur de Saint-James étant venu chez M. le Cardinal, celui-ci le remercia de fes difpofitions obligeantes, prit cette fomme vers le milieu du mois de Mars, & en fit fon billet au fieur de Saint-James feul ; qu'à l'échéance, le prêteur, à qui M. le Cardinal en offroit le rembourfement, la laiffa pour quelque temps encore ; que M. le Cardinal rendit peu à près 10,000 liv. à compte, dont il a la quittance du Caiffier du fieur de Saint-James. Si les Jouailliers ont donné leur cautionnement de cette fomme de 50,000 l., c'eft ce qu'il a toujours ignoré, jufqu'au mois d'Août dernier, où le Miniftre du Roi lui en a parlé pour la première fois. Mais quel rapport, même éloigné, entre ce fait & la queftion de fçavoir fi M. le Cardinal eft l'au-

teur ou le *complice* de l'abus du nom de la Reine, dans l'acquisition du Collier? Cette queſtion, depuis long-temps, n'en eſt plus une; & un ſervice même que les Jouailliers auroient voulu lui rendre, quand il l'auroit accepté, ne ſeroit-il pas la choſe du monde, & la plus ſimple & la plus pure?

Cependant la Reine ne portoit pas le Collier; M. le Cardinal s'en étonnoit; mais ſon eſprit, toujours frappé de la même conviction, eut reçu toutes les explications, plutôt que de s'ouvrir à l'inquiétude; la Dame de la Motte alléguoit divers prétextes, pour expliquer ces délais, & elle n'avoit pas de peine à les faire adopter.

Dans le cours du mois de Mai, il partit pour Saverne, & n'en revint qu'au milieu du mois ſuivant; la Dame de la Motte y fit elle-même un voyage de quelques jours. Le croirat-on ! Oui, ſans doute, on le croira, puiſqu'à préſent elle eſt connue; c'étoit pour annoncer à M. le Cardinal, qu'elle avoit obtenu pour lui une audience de la Reine à ſon retour. Elle jugea, & ne ſe trompoit point, qu'une route de 220 lieues faite exprès, pour porter elle-même cette heureuſe nouvelle, lui donneroit tout le poids poſſible; & que, ſi M. le Cardinal chanceloit dans ſon erreur, rien n'étoit plus propre à l'y raffermir : les prétextes ne devoient pas lui manquer, au moment de l'exécution, pour juſtifier les délais, & c'eſt, en effet, ce qui arriva. M. le Cardinal n'en devint pas plus inquiet; mais il fut affligé; & c'eſt-là, peut-être, l'impreſſion que le ſieur de Caglioſtro prétend avoir remarquée ſur ſon viſage, après ſon arrivée d'Alſace.

Voyage de Saverne en Mai 1785.

On verra bientôt quelle fable la dame de la Motte a ſubſtituée, pour cette époque, à la vérité qu'on vient de dire.

Un jour de la fin de Juin, que M. le Cardinal la preſſoit davantage, ſur les raiſons que la Reine pouvoit avoir de diffé-rer l'uſage de ſon Collier, elle lui dit, ſans le moindre air d'embarras, qu'il falloit enfin l'inſtruire du véritable motif. Le Collier doit être eſtimé, lui dit-elle, ſi le prix de 1,600,000 liv. paroit trop fort : telles ſont les conventions écrites. La Reine trouve, en effet, que ce prix eſt exceſſif ; il faut donc, ou le diminuer, ou faire l'eſtimation ; juſques-là, elle ne portera pas le Collier. M. le Cardinal ne ſe plaignit que de n'avoir pas été plus tôt informé ; il en parla aux Jouailliers. Affligés, mais ſoumis, ils conſentirent à ne recevoir que 1,400,000 liv., ou le prix de l'eſtimation, au choix de la Reine. La dame de la Motte, avertie de ce conſentement, eut bientôt fait la réponſe ; &, peu de jours après, elle fit voir à M. le Cardinal une fauſſe lettre, qu'il crut vraie comme toutes les autres ; elle portoit que la Reine garderoit le Collier, & que, contente de la réduction, elle feroit payer aux Jouailliers 700,000 liv. au lieu de 400,000 liv. à l'époque de la premiere échéance. Le terme approchoit ; les ſix mois expiroient le 31 Juillet.

M. le Cardinal de Rohan ſe hâta d'inſtruire les ſieurs Boëhmer & Baſſange du dernier état des choſes ; &, ſe plaignant, comme il l'avoit fait tant de fois, de ce qu'ils avoient négligé de préſenter leurs très-humbles remercîmens à la Reine, il les preſſa de s'acquitter enfin de ce devoir ; & c'eſt ainſi qu'à chaque époque, à chaque fait, du commen-cement juſqu'à la fin, un nouveau trait de lumière vient toujours éclairer ſon innocence.

Cette fois, il ne s'en rapporta plus à la parole des Jouail-liers ; il voulut qu'ils écriviſſent. Ils le preſſerent d'écrire lui-même ; *ma lettre*, leur répondit-il, *paſſeroit par la main d'un TIERS , il faut que vous écriviez , & que vous portiez vous-même votre lettre à la Reine.* Le sieur Serpaud qui tient ce détail de la bouche même des Jouailliers, l'a déclaré au procès, & observons qu'à ce mot de *Tiers*, les Jouailliers, qui sçavoient bien qu'il y en avoit un, ne marquerent aucune surprise. Ils écrivirent donc; leur lettre fut faite dans le cabinet, sur le bureau de M. le Cardinal; il la corrigea; elle fut remise à la Reine le 12 Juillet; elle étoit conçue en ces termes :

MADAME,

« Nous sommes au comble du bonheur , d'oser penser
» que les derniers arrangemens qui nous ont été proposés,
» & auxquels nous-nous sommes soumis avec zèle & respect,
» font une nouvelle preuve de notre soumission & devoû-
» ment aux ordres de VOTRE MAJESTÉ; & nous avons une
» vraie satisfaction de penser que la plus belle parure de
» diamans qui existe, servira à la plus grande & à la meil-
» leure des Reines ».

Si l'imagination, composant avec liberté, vouloit rassembler tous les caractères de la candeur & de la droiture, pourroit-elle leur donner plus d'éclat, qu'ils n'en tiennent ici de la vérité même.

Maintenant, à l'histoire de l'innocence trompée, opposons celle de la fraude.

La dame de la Motte reçoit, le 1er Février, la boîte qui renferme le Collier; elle paroit la confier à un homme chargé de la remettre à la Reine; cette boîte n'est pas arrivée à sa destination. Qu'est-elle devenue ? Tous les Lecteurs ont déjà prononcé que cet homme, qui se trouve au dénoue-

Preuves directes contre la dame de la Motte.

ment de l'intrigue, a replacé le tréfor dans la main qui venoit de le lui confier ; & voici les faits qui, en démontrant le vol, achévent & complettent la démonftration de la fraude.

Cette femme artificieufe continue, comme nous l'avons dit, de recevoir de M. le Cardinal fes libéralités accoutumées (1) ; il a nommé fes témoins (2) ; elle fe dérobe à fes regards, évite de le voir chez elle ; le reçoit, quand il vient, dans une chambre haute & mal meublée ; & cependant quelle eft fa vie, quelles font fes dépenfes ?

Commençons par expofer les faits, nous finirons par réfuter fes fabuleufes explications.

Le fieur Régnier (3) avoit fait pour elle, en Décembre, des bracelets de brillans ; fon mémoire en argenterie & en bijoux fe montoit déjà, en Janvier, à plus de 15,000 liv. : c'eft en partie l'emploi qu'elle a fait des 160,000 liv. furprifes à M. le Cardinal. Mais, depuis le 1er Février, combien les profufions augmentent ! De ce jour jufqu'au mois de Juillet fuivant, le fieur Régnier avoit fait encore de nouvelles fournitures pour 12,650 liv. fur quoi il avoit reçu une fomme en Avril : comment fut-elle payée ? En diamans. La dame de la Motte lui en a vendu pour 27,540 liv. en quatre parties ; elle lui en a confié pour 40 à 50,000 liv. & il les a montés pour elle. En Juin, elle lui en a porté d'autres, d'une valeur de 16,000 liv., &, cette fois, elle lui a dit qu'elle étoit chargée de les vendre.

A la confrontation, avec le fieur Regnier, elle commen-

---

(1) Il a donné en préfence du fieur Caglioftro, trois doubles louis, pour habiller la demoifelle de la Tour ; & la dame de la Motte, fa tante, les a reçus.

(2) Fribourg, Suiffe. Brandner, Valet-de-Chambre. Philibert, Commiffionnaire. Le Portier & la Portière de la dame de la Motte.

(3) L'Orfévre de la Dame de la Motte.

ce par nier ces faits ; il lui préfente l’extrait de fon regiftre ; alors elle avoue, & fe demande, toute émerveillée, comment en moins d’un an elle avoit pu perdre ainfi la mémoire.

En Mars, le fieur Paris, Jouaillier, avoit reçu des diamans, &, felon elle-même, les avoit payés 36,000 liv. :

Vers le commencement d’Avril, le fieur de la Motte fort de Paris, paffe en Angleterre, arrive à Londres avec fon valet-de-chambre, Laifus, avec le fieur Oneil, Capitaine au fervice de France. Il s’y montre, chargé de diamans ; fon opulence effraie ; l’Abbé Macdermott craint qu’il ne foit joueur, & lui repréfente les funeftes retours de la fortune. Il donne à plufieurs l’explication de fon opulence, & par-tout il ne débite que des menfonges.

Faits importants qui fe font paffés à Londres.

En parlant au fieur Gray, Jouaillier ; c’eft la fucceffion de la dame fa mère, qui portoit tous ces diamans en piéce d’eftomach.

Menfonges du fieur de la Motte fur fa fortune.

Avec l’Abbé Macdermott, tantôt ce font des préfens dont fa femme eft honorée par la Reine : tantôt c’eft le prix du crédit dont elle a le bonheur de jouir ; ce font les marques de reconnoiffance qui lui ont été prodiguées par ceux qu’elle a fervis ; &, s’il eft venu vendre en Angleterre, c’eft qu’il craindroit en France, que la circulation du commerce ne reportât par hazard quelques-uns de ces diamans, dans la main même de ceux qui les lui ont donnés.

Toujours & par-tout, le nom de la Reine eft infolemment prononcé en Angleterre par cet homme, comme, en France, il l’eft par fa femme ; il ne parle que de la faveur de celle-ci ; &, ce qui eft bien plus remarquable, puifque c’eft le fait même du procès, il ofe parler des ordres dont elle eft chargée par la Reine, pour M. le Cardinal de Rohan.

De quel prix eft le tréfor qu'il emporte ? On ne peut pas l'eftimer au - deffous de 400,000 liv. : car on fçait que les diamans baiffent de valeur en Angleterre, où ils abondent ; le fieur Jefferyes, autre jouaillier, a été furpris d'ailleurs des pertes que le fieur de la Motte confentoit à fupporter ; il en a conçu des foupçons. Et cependant, celui-ci a rapporté 60,000 liv. de diamans montés , il en a laiffé pour 60,000 liv. à monter encore chez le fieur Gray ; il en a vendu en tout pour plus de 240,000 liv.

En Angleterre, il reçoit une lettre de change de cent-vingt-deux mille livres fur le fieur Perregaux , Banquier ; & nous devons, en cet endroit, nous arrêter pour dire que jamais M. le Cardinal de Rohan n'a connu le fieur Perregaux ; que j'amais il ne l'a vu ; que jamais il n'a eu avec lui, ni de vive voix , ni par écrit , la plus légère correfpondance. Ainfi le fait imprimé dans le Mémoire de la dame de la Motte , que le fieur Perregaux eft le Banquier de M. le Cardinal , fe trouve n'être qu'un menfonge de plus , au milieu de tant de fables.

Le refte du prix des diamans vendus en Angleterre, le fieur de la Motte l'a employé en dépenfes & profufions de toute efpece : nous avons fous les yeux l'extrait littéral du Regiftre du fieur Gray. On y trouve un Médaillon de diamans de 230 louis, une bague de 94, un nœud de perles de 52 ; une épée d'acier de 100, une autre de 45 : on y trouve une étoile de brillans de 400 louis, une montre d'or de 38, un collier de perle de 170, dix - huit cents perles valant 270 louis, un diamant-rofe de 60 : on y trouve des boucles d'oreilles de brillans de 600 louis, une bague de brillans de 100, une tabatière enrichie de diamans de 120, des perles à broder pour 1890 louis. Nous négligeons les objets médio-

cres

cres : le tout a été livré au fieur de la Motte le 20 Mai 1785. Cependant la Dame de la Motte après avoir caché quelque tems, & avoué enfuite le voyage de fon mari en Angleterre, préparoit ici tous les yeux à l'éclat de fon retour, en publiant qu'il avoit fait des gains confidérables, dans les paris pour les courfes.

C'eft au commencement de Juin qu'il arrive. Le fieur Perregaux lui paye la lettre-de-change, partie en argent, partie en un mandat fur la caiffe d'efcompte, que le fieur de la Motte va toucher lui-même au bout de trois femaines. Il arrive, difons-nous, & plufieurs perfonnes ont vu les effets qu'il a rapportés ; le fieur Régnier a racommodé plufieurs bijoux ; les perles ont été portées à Bar-fur-Aube, & une foible partie donnée en paiement au fieur Mardochée, rue aux Ours ; l'écrin de la dame de la Motte a été vu par le fieur Régnier, qui ne l'a pas eftimé moins de 100,000 livres. Des chevaux, une livrée, des équipages, des pendules payées en diamans au fieur Furet, deux pots à oille achetés d'un Juif & payés auffi en diamans, un oifeau automate, acheté pour un diamant de 1,500 liv., un mobilier immenfe, envoyé en Juin à Bar-fur-Aube, acheté chez Hulin, rue Barbette, Gervais, Fournier & Héricourt faux bourg Saint-Antoine, quant aux meubles meublans ; chez Chevalier, pour les figures ; rue neuve des Petits-Champs, pour les bronzes ; chez Sikes, pour les cryftaux ; chez Adam, rue de Popincourt, pour les marbres : un luxe fcandaleux de diamans, étalés dans la Province, non-feulement fur la perfonne de la femme, mais fur celle du mari, en chaînes de montre & en bagues (1). Voilà l'apperçu des dépenfes prin-

(1) Les habitans de Bar-fur-Aube, & M. l'Abbé de Clairvaux, ont vu, avec un étonnement facile à comprendre, la pauvre demoifelle de Valois & fon mari, qui,

G

cipales des fieur & dame de la Motte, depuis le mois de Février jufqu'au mois d'Août 1785. Avons-nous 'exagéré, en annonçant que nous montrerions, que nous faifirions, en quelque forte, entre leurs mains, une maffe de richeffe de fix à fept cents-mille livres? Tous ces faits font prouvés; & fi la preuve n'étoit pas encore au dégré de la perfection, dont elle eft fufceptible, c'eft à Bar-fur-Aube qu'on pourroit l'achever.

Les diamans vendus à Londres, font extraits du Collier.

Ajoutons que tous les diamans préfentés en Angleterre au fieur Gray, par le fieur de la Motte, le fieur Gray a reconnu qu'ils étoient extraits du fameux collier, dont le deffin, le type exact a été envoyé à Londres, & remis fous les yeux du Jouaillier, par le Chargé des Affaires de France.

Diamans laiffés à Londres, repris par le fieur de la Motte.

Ajoutons encore que, depuis la détention de la dame de la Motte, vers la fin du mois d'Août dernier, le fieur de la Motte, demeuré libre, après la détention de fa femme, eft parti de Bar-fur-Aube, a pris une route détournée, a repaffé en Angleterre, fuivi de fon valet-de-chambre, Laifus (1); il y reportoit une grande partie de fes perles, & il les a vendues à Londres. Quant aux diamants que le fieur Gray s'étoit chargé de monter, le fieur de la Motte, depuis fon

---

comme il le difoit à l'Abbé Mac-Dermott, ne poffedoit rien non plus qu'elle, fomptueufement portés dans un Carroffe à fix chevaux, précédé de Couriers. Au commencement du mois d'Août, elle déclaroit à Plantier, fon coëffeur, qu'elle étoit contente, & qu'elle jouiffoit de 60,000 liv. de rente.

(1) La dame de la Motte n'a contredit à la confrontation aucuns des faits dépofés par Laifus: Elle a pleuré; à d'autres confrontations, elle eft tombée dans des accès couvulfifs; audace, gayeté, larmes, fyncopes, toutes les formes fe font fuccédées tour-à-tour, felon qu'elle confervoit la force de donner un fpectacle, où qu'elle fuccomboit aux impreffions de la douleur & de la crainte.

retour en France , en avoit écrit à l'Abbé Macdermott : dans sa lettre qui exifte en original , & dont nous avons entre les mains une copie, certifiée par les Officiers publics de la Ville de Londres, il par le *des travaux qu'il fait exécuter à Bar-sur-Aube ;* il y parle de *ses effets* laiffés au fieur Gray, *des emplettes qu'il a faites chez lui* , des *inquiétudes que son retard* lui donne ; il prie l'Abbé Macdermott *de retirer lui-même les objets que le Jouaillier avoit entre les mains , faits ou non , & de les faire paffer* , où? *DIRECTEMENT A BAR-SUR-AUBE.* Le Jouaillier a refufé de les rendre à l'Abbé Macdermott ; mais il les a remis au fieur de la Motte lui-même , à la fin du mois d'Août , au temps de fa fuite en Angleterre.

La dame de la Motte ofoit dire , dans fon Mémoire , que les diamans laiffés en Angleterre, étoient deftinés à re-venir entre les mains de M. le Cardinal de Rohan ; &, tandis que, par une ironie infultante , elle paroiffoit douter s'il avoit eu foin de fe les faire remettre, fon mari fugitif s'en étoit reffaifi à Londres.

A ce tableau de richeffes & de profufions, qui achéve a conviction des coupables, la dame de la Motte oppofe une impofture qui fuffiroit, feule, pour la confondre. Qu'on life fon Mémoire tout entier; on y verra qu'elle borne fa dé-fenfe à ce menfonge : *M. le Cardinal de Rohan lui a fait pré-fent , pendant le cours de l'année* 1785 *, de quelques diamans dont une partie fe monte à* 15,000 *liv., & dont une autre partie lui a valu* 13,000 *francs.* Mais eft-elle privée de raifon , au point de croire qu'un don de 18,000 liv. pût expliquer des dépenfes de quatre, cinq & fix cents mille livres, qui font forties , tout-à-coup, du fein de la pauvreté même?

Qu'a-t-elle fait des diamans qu'elle prétend lui avoir été remis par M. le Cardinal ? Elle les a vendus, dit-elle, & de la main à la main, fans écrit, fans quittance, fans aucune trace, elle lui en a rendu le prix. Fable commode affurément, dont l'invention n'a couté qu'un menfonge après le crime ! Mais, fi les produits des ventes font tous rentrés dans la main de M. le Cardinal, elle n'en fera pas devenue plus riche; &, dans quels fonds les fieur& dame de la Motte auront-ils donc puifé, pour acquérir cet écrin de 100,000 livres, ces bijoux Anglois, ces perles, ces meubles, ces figures, ces bronzes, ces cryftaux, ces marbres, ces pendules, deftinés à décorer leur maifon de Bar-fur-Aube, où ils les ont envoyés ? D'où leur viennent ces billets de la caiffe d'efcompte, ces diamans que le mari portoit, & qu'il étaloit encore à Clairvaux, le 17 Août dernier, ces autres diamans qu'il a laiffés en Angleterre, & dont il a couru s'emparer à l'inftant de fa fuite ; ces chevaux, ces livrées, ces voitures ; en un mot, cette richeffe inconcevable & fubite, que la voix des témoins dénonce à la Juftice, & que la dame de la Motte, par toutes les précautions qu'on a expofées, s'attachoit à dérober aux regards de M. le Cardinal de Rohan ? Ils ont tout rendu, dit-elle, & ils poffédent tout.

Preuves détaillées de ces menfonges. SI nous entrons à préfent dans l'examen des faits qui compofent la défenfe de la dame de la Motte, nous trouverons, à chaque pas, non-feulement les traces, mais les preuves de l'impofture.

A l'en croire, M. le Cardinal lui a fait voir, au mois de Mars 1785, une boîte qui contenoit des diamans détachés. Il déclare, lui, qu'il n'a jamais eu un seul diamant démonté en sa possession ; mais examinons les détails de la fable. Il propose, dit-on, à la dame de la Motte de les vendre ; elle répond que son mari ne s'y connoît pas, & refuse elle-même de s'en charger : ensuite, M. le Cardinal lui envoie cependant cette boîte, avec un billet contenant ces mots : *Défaites-vous de cela au plus vîte.* Pourquoi la lui envoyer, puisqu'elle avoit déjà refusé la commission ? où est le billet ? Il n'existe plus ; &, s'il existoit encore, séparé de la boîte, il ne signifieroit pas plus des diamans que toute autre chose ; ce ne seroit rien du tout : alors, elle montre les diamans ; à qui ? à un artisan coupeur de cors : un coupeur de cors pour vendre des diamans ! Il faut avouer que cela est bien extraordinaire ! Cet homme lui amene un Juif, nommé Bert Ibrahim ; elle s'en défie, & rapporte la boîte à M. le Cardinal qui, du moins à cette fois, doit être bien convaincu qu'il a fait choix d'une mauvaise commissionnaire. Point du tout ; il tire, ajoute-t-elle, 22 gros diamans & 16 autres plus gros encore ; il s'acharne de nouveau à les lui remettre ; pourquoi les lui remettre ? C'est toujours pour qu'elle les vende, quoiqu'elle ne le veuille pas, & quoiqu'elle ne puisse y réussir. Elle les confie à un Avocat de Bar-sur-Aube, qui les vend 36,000 livres au sieur Paris, Jouaillier. Cette somme, elle la remet à M. le Cardinal, qui lui fait alors présent des petits diamants qui restoient au fonds de la boîte : c'étoit, dit-elle, un objet de 15,000 l. & elle s'en sert pour payer au sieur Régnier neuf ou dix mille livres qu'elle lui devoit, à compte sur les commandes déjà faites, & puis elle lui en fait de nouvelles, en ce moment-là même.

Quoi donc ! voilà, selon elle, le premier présent qu'elle ait reçu ; & déjà elle avoit fait au sieur Régnier des commandes ; elle en avoit fait de fi fortes , qu'elle redevoit 10,000 livres ; & , en payant avec le préfent de M. le Cardinal, elle ordonne encore de nouvelles fournitures ; fur quoi donc ? fur quelles efpérances ? eft-ce fur les dons futurs de M. le Cardinal ? eft-ce fur les foibles libéralités qu'il étoit dans l'ufage de lui faire, pour lui aider à vivre, & qu'il continuoit encore, même en 1785 ? Combien tout cela eft abfurde ! Mais , d'un autre côté, il fe trouve que le fieur Régnier déclare que c'eft du 3 Janvier qu'il a commencé fes nouvelles fournitures ; il déclare qu'il en a fait pour 12,850 l. jufqu'au mois de Juillet ; que, du 10 Mars au 28 Avril , il a acheté, non pas feulement pour 15,000 liv. de diamans, mais pour 27,540 liv. ; il déclare encore qu'il a monté d'autres diamans pour elle. D'où lui étoient-ils venus ? font-ce encore des préfens de M. le Cardinal ? Il lui manque-là quelques men-fonges. (1) Qui ne voit dans tout ce récit une fable, qui n'a été forgée, que depuis le befoin que le procès a fait naître ?

Elle ajoute bien-tôt un autre roman ; c'eft celui de la bonbonnière ; on a peine à en concevoir le motif, puifqu'il ne lui fournit aucune explication , pour les faits dont nous avons rendu compte. Il eft certain que la dame de la Motte a remis au fieur Régnier des diamans , pour fervir d'entou-rage à un médaillon, fous lequel elle a fait placer un por-trait de la Reine ; elle lui a payé 900 liv. pour la monture de ce bijou ; le fieur Régnier lui en a donné un reçu, en fon nom feul, pour elle feule, au mois de Juin 1785. M. le Cardinal eft parfaitement étranger à tout cela.

---

(1) Ces menfonges qui lui manquoient , elle fe les eft donnés à la confron-tation ; elle a parlé de tout autant de préfens, qu'elle a cru en avoir befoin. On fent bien qu'elle eft perdue, puifqu'on ne veut pas la difpenfer de la preuve, & oublier fes contradictions.

Que prouve ce fait ? qu'elle avoit des diamants (& c'est une vérité très-bien établie au procès): peut-être cela montreroit-il encore, qu'elle vouloit appuyer, en portant cette boîte, les fables qu'elle répandoit en tous lieux, sur sa faveur imaginaire auprès de la Reine; mais qu'en résulte-t-il contre M. le Cardinal de Rohan, qui nie formellement qu'il ait jamais possédé aucun portrait de la Reine, & qu'il ait fourni aucuns diamans pour en composer l'entourage? Quel rapport ce fait peut-il avoir avec la fortune immense, que les sieur & dame de la Motte ont manifestée par leurs profusions en tout genre, puisqu'elle-même ne prétend pas que cette opération leur ait apporté le plus léger bénéfice? Elle a cru ce que croient tous ceux qui en imposent, qu'on obtient plus de foi, en donnant plus de circonstances; elle s'est trompée en cela, comme ils se trompent presque toujours; mais c'est là, sans doute, ce qui lui a fait ajouter dans son interrogatoire que, pendant son séjour à Saverne, elle a vu entre les mains de M. le Cardinal un autre portrait plus fini, & qu'il lui a remis celui que le sieur Régnier avoit placé sur la bonbonnière. La vérité est qu'elle n'a vu aucun portrait, puisque M. le Cardinal n'en a point eu, puisqu'il n'existe pas un seul être dans le monde, qui puisse dire avoir vu un portrait de la Reine entre ses mains.

Le sieur de Carbonnieres apprit qu'elle se proposoit d'aller à Saverne. Il voulut en profiter pour faire rendre quelques lettres à M. le Cardinal: deux fois il passa chez elle, c'étoit, à ce qu'il croit, le 19 Mai, il lui remit le paquet de papiers le lendemain, comme elle alloit monter en voiture. Voilà sur quoi elle bâtit une fable ridicule. Elle suppose que ce fût le sieur de Carbonnieres qui la força de partir pour aller remettre ce paquet, quoiqu'il eût été bien plus fimple d'en charger un courrier, fi l'envoi étoit preffé.

Dans ce voyage qu'elle n'a fait réellement, que pour aller flatter elle-même M. le Cardinal de l'efpoir d'une audience, à fon retour; elle a reçu en préfent, dit-elle encore, une feconde boîte qui contenoit auffi des diamans. Quand elle prendroit la peine de décrire la boîte, on ne l'en croiroit pas d'avantage; elle fait monter ces pierreries à 13,000 liv. qui, avec les 15,000 liv. de diamans précédemment donnés, compofent cette fomme de 28,000 liv. à laquelle elle avoit borné fes menfonges, & qui affurément n'ex 1 queroit pas fon opulence. Ce fait eft faux, & le fieur Regnier à qui elle les porta, dit-elle, au mois de Juin, *à compte de ce qu'elle lui devoit encore*, déclare, au contraire, qu'il avoit été très-exactement payé jufqu'au 3 Janvier 1785; qu'il n'avoit fait depuis, jufqu'en Juillet, que pour 12,600 liv. de fournitures; qu'en Mars & Avril, il avoit reçu 11,000 livres; il en réfulte qu'au mois de Juin, il ne pouvoit lui être dû tout au plus que 1,600 liv. & que, par conféquent, il n'a pas pu recevoir alors 13,000 livres *à compte*. Ainfi, foit qu'on examine la conduite de la dame de la Motte dans fon enfemble, foit qu'on difcute fes allégations en détail, ce n'eft par-tout que fauffetés, fables, menfonges; & pouvoit elle fe défendre autrement?

En relifant le Mémoire de la dame de la Motte, nous remarquons à la page 24, une forte de défi, qui pourroit être inquiétant, fi les délits de cette femme n'étoient pas affez bien prouvés, pour démontrer à toute la terre, que les pieces qu'elle pourroit produire, à l'appui de fon impofture, feront néceffairement de nouveaux crimes : elle y propofe un dilème à M. le Cardinal, fur les premiers

diamans

diamans qu'elle dit avoir reçus de lui , dans le courant du mois de Mars 1785 , avec la commiſſion de les vendre. « Si M. le Cardinal , dit-elle, avoue qu'il a remis cette partie de diamans à la dame de la Motte , nulle induction à tirer contr'elle de la vente qu'elle a pu faire; *niera-t-il, au contraire , ajoute-t elle , avoir fait la remiſe de cette première partie, & en avoir reçu le prix , nous ne lui ferons pas l'injure de le croire; nous l'attendrons.*

DE quoi fûmes-nous donc menacés par ce ton ſi ſuperbe ? ou de rien , ou d'une fraude nouvelle : eſt-ce un faux qu'on préparoit contre M. le Cardinal ? eſt-ce l'abus de quelque blanc-ſeing, que la dame de la Motte lui aura ſurpris , & qu'elle aura fait remplir comme elle l'aura voulu ? Eſt-ce une équivoque , une interprétation , une fauſſe application ? Eſt-ce un papier écrit dans un temps, qu'elle voudra rapporter à un autre ? Notre réponſe à ſon défi, c'eſt donc : qu'elle acheve; qu'elle comble la meſure ; que ſes défenſes deviennent plus criminelles que ſes actions ; que, perdue par ces délits , elle ſe perde encore plus par ſes moyens.

En attendant , il faut qu'on ſçache que ces *premiers* diamans qu'elle prétend avoir reçus en Mars , & dont elle parle avec tant d'intrépidité , non - ſeulement ne ſont pas, à beaucoup près, les ſeuls , qu'elle & ſon mari ayent répandus en France, en Angleterre ; mais qu'ils ne ſont pas non plus les *premiers* , qu'elle ait fait débiter. Son ami , ſon homme de confiance, le ſieur Rétaux de Villette, dès le mois de Février 1785 , a été ſoumis aux recherches de la Police ; il a ſubi un interrogatoire , chez le Commiſſaire Gauthier, ſur une partie conſidérable de diamans, dont on l'a trouvé porteur, & dont il cherchoit à ſe défaire.

Vente de Diamans par le ſieur Villette , dès le mois de Février 1785.

H

Il·a déclaré, il a figné qu'il les tenoit d'une dame.....Il a dit de vive voix, (il y en a des témoins) que la dame étoit la *Marquife de la Motte-Valois* ; & depuis huit ou dix jours feulement, le Collier étoit alors dans les mains de la dame de la Motte. L'aveu du fieur de Villette eft venu confirmer depuis, cette importante anecdote. Il a remis, dit-il, à fa commettante, la partie de diamans qu'il n'a pas pu réuffir à placer. Ainfi, avant les *premiers* diamans, qu'elle dit avoir reçus de M. le Cardinal, elle a vendu, elle a fait vendre des diamans : ceux-là, fera-ce encore de lui qu'elle les tenoit ? il lui faudroit ici quelque piéce ; une fauffeté de plus lui deviendroit néceffaire : qu'elle y fonge, *nous l'attendrons* à notre tour.

L'hiftoire d'une livraifon de diamans par M. le Cardinal, en préfence du fieur de Caglioftro, eft fauffe.

DE toutes fes impoftures, la plus grave eft précifément la plus abfurde : il s'agit d'une livraifon de diamans, pour aller les vendre en Angleterre, livraifon qu'elle fuppofe lui avoir été faite par M. le Cardinal de Rohan, en préfence du fieur de Caglioftro, à la fuite d'une fcène magique ; elle a foin de la furcharger, cette fcène, de tous les rêves d'une imagination en délire ; elle en fait précéder le récit, de tout ce que la crédulité populaire a jamais inventé de plus ridicule & de plus méprifable. Ce font quatre pages dont chaque ligne offenfe la vérité, & choque encore plus le fens commun ; elle s'y donne elle-même comme livrée à la plus vile fuperftition ; elle *Jure*, dit-elle, parce que le Prophète lui ordonne de *Jurer*, & c'eft parce qu'elle a *Juré*, que fon mari va partir, va tranfporter, vendre & faire monter des diamans en Angleterre : il en a rapporté 60,000 liv. de diamans montés ; mais ils ont été remis, dit-elle, à M. le Cardinal ; il en a laiffé pour 60,000 liv. en Angleterre ; mais elle ignore fi M. le Cardinal a pris foin de fe les faire rendre; son mari a touché 122,000 liv. du Sr Perregaux; mais c'est le Banquier de M. le Cardinal; & les deniers ont passé dans ses mains.

A la confrontation, M. le Cardinal a nié toutes ces fables : la dame de la Motte s'est souvenue de son art : elle s'est pourvue de fables nouvelles; la preuve que tout ce qu'elle dit est vrai, a-t-elle observé, c'est que M. le Cardinal l'a chargée de convertir en billets de la Caisse, les effets venus d'Angleterre : cela est faux, a-t-il répondu; mais la preuve, a-t-elle repliqué, c'est qu'elle a pris les ordres de M. le Cardinal sur une lettre par laquelle le sieur Gray écrivoit à son mari au sujet des diamans restés à Londres : & cela aussi, est faux, a-t-il dit : pour preuve, elle a ajouté qu'en Avril ou en Mai (car elle avoue qu'il ne faut pas la presser sur les dates) M. le Cardinal, dans un grand besoin d'argent, a fait écrire au sieur de la Motte de rapporter promptement des fonds d'Angleterre; &, comme ceci n'est ni moins faux ni mieux prouvé que le reste, il s'ensuit que le premier fait n'est ni mieux établi ni plus vrai qu'il ne l'étoit auparavant.

Nous disons donc simplement, que dans tous ces faits, il n'y en a pas un seul qui ne soit contraire à la vérité. Le sieur Perregaux, l'un des témoins entendus, n'a jamais eu de relations directes ou indirectes avec M. le Cardinal de Rohan; il n'est & n'a jamais été son Banquier. Quant aux diamans restés à Londres, le sieur de la Motte avoit chargé, comme on l'a vu, l'Abbé Mac-dermott de les retirer des mains du sieur Gray, & de les faire parvenir *directement à Bar-sur-Aube*; il les a retrouvés en Angleterre, & les a repris lui-même, à la fin du mois d'Août, dans le tems de sa fuite. A Londres, il s'étoit par-tout & continuellement annoncé comme propriétaire des richeffess dont il étoit porteur. Il avoit déclaré à l'Abbé Macdermott , qu'une partie de fes fonds étoit deftinée au payement de 200,000 liv. pour un emploi accordé à quelqu'un dans les Indes.

Les diamans apportés de Londres à Paris , font reftés tous dans les mains de la dame de la Motte ; elle les a montrés à plufieurs perfonnes : elle n'avoit pas ofé s'expliquer fur ce fait dans fon Mémoire ; mais , dans l'interrogatoire qui a fuivi, dans les confrontations, pour échapper à la confufion du moment, il en a coûté à la dame-de la Motte encore un menfonge. Elle a dit pour la première fois, que *M. le Cardinal lui avoit donné ces bijoux* : 60,000 livres de bijoux, reçus par elle en pur don, & defquels elle n'avoit point parlé! donnés par lui, quand, felon elle, il avoit le plus grand befoin d'argent, cela eft fort extraordinaire! Ce qui l'eft bien davantage , c'eft que ce don auroit été fait à Paris, le 19 Mai, par M. le Cardinal lui-même, pendant qu'il étoit à Saverne! Et que dira-t-elle des 50,000 liv. de perles, détaillées fur les Regiftres du St Gray, & de la montre d'or & des épées de 100 & de 45 louis, acquifes en échange des diamans portés à Londres, & des billets de caiffe, & de l'écrin de 100,000 liv. &c. &c. &c. &c ; ce fera donc M. le Cardinal, qui les lui aura donnés encore! car il faut qu'il ait donné tout, ou il n'a rien donné, &, fi la dame de la Motte a pris quelque chofe, elle a tout pris.

Ajoutons que toute cette Fable de la dame de la Motte ne pouvoit être légèrement appuyée que fur le témoignage infiniment fufpect de la demoifelle de la Tour, niéce de fon mari, qui avoit joué un rôle dans la fcène dont il s'agit; & qu'à la confrontation cette jeune perfonne a rétracté prefque toutes les déclarations qu'elle avoit faites, a confeffé-même qu'elle n'avoit dépofé que felon les infpirations de fa Tante , enforte que la dame de la Motte refte confondue fous le poids de fes impoftures.

POUVOIT-ON exiger que M. le Cardinal, après avoir établi fa bonne-foi, après avoir montré dans la dame de la Motte l'exercice continuel des manœuvres qui l'ont trompée, après l'avoir convaincue d'une première fraude , qui a préparé le fuccès de toutes les autres, après avoir en quelque forte , furpris entre fes mains tous les profits du crime ; pouvoit-on exiger, difons nous, qu'il introduisît les Magiftrats jufques dans le Confeil des Machinateurs, jufques dans le cabinet des Fauffaires? La fraude , qui ne travaille jamais que dans l'obfcurité la plus profonde, échapperoit-elle au châtiment, quoique trahie par tous les faits qui la décélent? L'évidence même ne feroit-elle rien contre un crime fi odieux dont le caractère eft le fecret, & qui marche dans les ténébres. Gardonsnous de le croire. Mais remercions la Providence , qui a voulu que tous les genres de preuve vinffent au fecours de l'innocence calomniée.

Preuve légale de l'exécution même du faux.

La main , la main coupable a été faifie par l'Autorité , & livrée à la Juftice ; l'ami , le confident, l'écrivain de la dame de la Motte, le fieur Rétaux de Villette ce fugitif, contre qui s'élevoient les plus violens foupçons, mais qu'on fe flattoit à peine de pouvoir retrouver, il eft rendu à la prifon qui le redemandoit; il eft ici ; il eft renfermé dans les mêmes murs que la dame de la Motte , les mêmes, hélas ! qu'habite leur victime. Cet homme , venu autrefois de Bar-fur-Aube , avec les fieur & dame de la Motte, pauvre & riche avec eux, attaché à leur deftinée ; forti de Paris par leurs ordres , eft ramené de Genève, où il avoit fui : fous le coup qui l'a frappé, il a fubitement reconnu tous fes crimes: interrogé à Paris, il

confeffe, qu'il a été préfent à la fcène de la demoifelle
d'Oliva, & il force la dame de la Motte à s'avouer coupable
de cette horreur; il a partagé la vile joie des Confédérés
fur le fuccès de cet indigne artifice. L'écriture du fieur Villette eft au procès; &, lorfqu'on en rapproche le corps du
délit, l'œil s'effraye de la reffemblance des caractères. Mais
ici il n'avoue pas d'abord ce qu'il avoit confeffé à l'agent
de l'autorité il s'agite, il s'allarme, il pleure, il demande
quelle peine menace l'auteur du faux. Enfin, le mot fi
long-temps retenu, eft échappé de fa bouche; il fçait tout;
les vanteries de la dame de la Motte, il les connoît; plufieurs de ceux qui en ont été dupes, il les nomme; le fieur
de la Motte lui a parlé des profits qu'il en a recueillis en
différentes occafions. Les fauffes lettres qu'elle ofoit montrer, comme adreffées par la Reine, & dont elle fe fervoit
pour tromper M. le Cardinal, c'eft lui, c'eft Villette lui-
même qui les a faites, qui les a écrites de fa main. Les
fauffes approbations mifes en marge des conventions arrêtées
entre M. le Cardinal & les Jouailliers, la fauffe fignature
qui eft au-deffous, c'eft encore lui qui de fa propre main
les a fabriquées; il n'a jamais connu M. le Cardinal; il a
tout exécuté par les ordres de la dame de la Motte; il croit
que c'eft du Collier que furent tirés les diamans qu'il a
vendus pour elle en Février; ceux qu'elle lui avoit confiés,
& qu'il n'a pas pu vendre, c'eft à elle qu'il les a rendus. La
dame de la Motte n'avoue pas encore; mais, anéantie par tant
de preuves, mais confondue par les aveux de fon complice,
non moins accablée de fes propres menfonges que du poids
de la vérité, fon embarras, fes larmes, fa colère, fes réticences équivalent à un aveu.

Nous fommes donc arrivés, enfin, au dernier dégré de la
preuve légale; il n'y a donc plus de procès; &, fi nous

écrivons encore, c'eft que M. le Cardinal de Rohan doit compte au Roi, à fes Juges , à l'Europe , de tous les détails de fa conduite, & qu'une affaire d'un genre fi nouveau , fi extraordinaire , doit être connue , non-feulement telle qu'elle eft aujourd'hui , mais encore telle qu'elle a été pendant tout le cours de l'intrigue, & à chaque période de l'inftruction.

Le croira-t-on ? ce fabricateur de lettres & de fignatures, a ofé dire qu'il croyoit que M. le Cardinal avoit partagé avec la dame de la Motte les produits de fon crime. Jamais abfurdité plus révoltante n'avoit été hazardée fous une forme plus méprifable. Eft-ce que la bonne-foi de M. le Cardinal n'eft pas prouvée, tout auffi clairement que le crime des Machinateurs ? N'eft-il pas certain au procès, par toute fa conduite, qu'il a été convaincu que le Collier avoit paffé dans les mains de la Reine ? s'il l'a cru, il n'a donc pas douté de la vérité des ordres, & de la fincérité des approbations ; il a donc été trompé par ce faux écrit , comme il l'avoit été par les fauffes lettres que le fieur Villette fabriquoit pour la dame de la Motte & par fes ordres : quelle feroit donc cette nouvelle énigme d'un homme à la fois trompé & trompeur dans la même négociation , dans le même acte ? c'eft un délire inintelligible.

M. le Cardinal, s'il avoit été capable d'une horreur abfurde , n'auroit-il pas mieux aimé retirer 800,000 liv. des diamants démontés d'un Collier qu'il falloit payer le double, que d'en abandonner 400,000 à la dame de la Motte pour un fervice dont il n'auroit pas eu befoin ? N'eft-il pas démontré dans la procédure, que M. le Cardinal a été abufé par le mot prononcé dans les Jardins, & féduit par les lettres qui fuppofoient le crédit imaginaire de la dame de la Motte; n'eſt-ce pas la dame de la Motte qui, par la main du ſieur Villette, ſe procuroit d'un côté ces papiers frauduleux, qui entrainoient M. le Cardinal dans le piège: n'eſt-ce pas elle qui d'un autre côté, faiſoit écrire par la même main, les faux émargemens. Comment donc, trompé par les fauſſes lettres, ſeroit il complice des fauſſes aprobations ?

Et ſi, par une ſuppoſition auſſi folle qu'abominable, la dame de la Motte avoit eu la commiſſion de faire fabriquer un faux en ſociété, par un fauſſaire à ſon choix, auroit-elle voulu rendre ſa tromperie palpable, en choiſiſſant pour ce faux la même main qui lui traçoit les lettres par leſquelles elle ne ceſſoit d'abuſer M. le Cardinal ?

N'eſt-il pas prouvé que la dame de la Motte a vendu avec ſon mari, les diamants du Collier, & que ſa fortune s'eſt groſſie de la totalité des produits. S'il manquoit quelque choſe à la preuve rigoureuſe de ce fait, ne dépend-il pas de la Cour de l'obtenir, en portant ſes informations à Bar-ſur-Aube, en appellant tous les témoins que M. le Cardinal a indiqués ?

Enfin, quant à la forme du ſoupçon jetté par le ſieur Villette, quel profond mépris ne mérite-t-elle pas ? il croit, dit-il ; & ſur quoi eſt fondée ſa croyance ? la dame de la Motte lui a-t-elle parlé d'un partage ? il avoue que non : il ne ſçait rien non plus par lui-même. C'eſt donc une pure calomnie. Et dans quel moment le ſieur Villette oſe-t-il ſoupçonner, ſans préſenter le moindre indice ? C'eſt lorſque, confondu enfin & ſuccombant ſous la force des preuves, il eſt contraint d'avouer l'action la plus criminelle: tant qu'il eſpère de n'être pas convaincu, il nie ſon crime; &, lors qu'il ſe reconnoit coupable, il riſque une imputaton au hazard : pour toute preuve, il donne ſon opinion, & ſon opinion eſt une folie.

ARRÊTONS-NOUS

ARRÊTONS-NOUS ici; &, fatigués d'avoir pour-suivi tant d'horreurs, respirons un moment. L'auteur de l'abus du nom de la Reine, c'est-là l'objet des recher-ches de la Justice : il est à présent bien connu : la con-duite de M. le Cardinal se développe d'ailleurs avec tant de simplicité, & une candeur si pure, qu'il est impossible de contenir plus long-temps le touchant intérêt qu'il inspire. M. le Cardinal de Rohan a été obligé de prouver son in-nocence! Il a fallu composer un Mémoire pour lui! Il a fallu écrire pour le défendre! Et quelle est l'imputation? quel est le crime? Oserons-nous le dire? Un faux, une escroque-rie!... A ces mots, la plume échappe des mains, & le cœur se révolte. Mais il n'est pas temps de s'abandonner à ce sentiment effroyable; nous n'avons pas tout dit encore.

Réflexions sur tout ce qui précède.

Considérons bien quelle devoit être la disposition de l'ame de M. le Cardinal de Rohan, vers le temps qui suivit la lettre qu'il fit écrire par les Jouailliers à la Reine, au mois de Juillet dernier. Les moments terribles s'approchent; la catastrophe se prépare; d'effrayantes lueurs vont pénétrer par intervalle dans les replis ténébreux de la fraude : descendez tous dans le fonds de vos ames, vous qui voulez prononcer sur la conduite des hommes; ce n'est que dans la connoissance du cœur humain, qu'est la mesure de leurs actions. Supposez donc que vous ayez été trompés comme lui, qu'une grande erreur ait été long-temps pour vous, une fausse image de la vérité la plus désirée. Ne dites pas que vous auriez sçu éviter les piéges tendus à sa bonne-foi : personne ne peut fixer des bornes aux illusions; & certes, en ce moment, où l'enchaînement des artifices est développé sous vos yeux, sa crédulité doit vous paroître moins surprenante. En un mot, mettez-vous à sa place; car

Dispositions de l'ame de M. le Cardinal, en Juil-let 1785, impor-tantes à approfon-dir.

I

il n'y a pas d'autre moyen d'être juſte. Il eſt aveuglé; il ne doute point; après ce qu'il a fait, entraîné par ſa confiance, le commencement d'un doute, feroit, à ſes yeux, le plus grand des malheurs. Voyez comme ſa deſtinée, dans l'innocence, eſt enlacée avec le fort de la dame de la Motte, dans le crime. Voyez de quelles chaînes la fatalité lie ſon intérêt à celui d'une coupable; combien tous les partis feroient affligeans & dangereux à prendre; avec quelle terreur il doit repouſſer tous les ſoupçons; un penchant naturel nous porte tous, à reculer le moment d'une certitude déſeſpérante; jugez donc quelle énergie ce ſentiment a du prêter à tout ce qui pouvoit confirmer ſon erreur, & comme il a du affoiblir à ſes yeux les circonſtances qui pouvoient la combattre. Tel eſt l'homme : être fait ainſi, c'eſt ſa nature, & ce n'eſt pas un crime. Innocent & trompé dans la négociation du Collier, comme cela eſt démontré, M. le Cardinal n'a pas pu, ſix mois après, ceſſer d'être ce qu'il étoit, & devenir rétroactivement criminel & trompeur dans cette même négociation; mais il a du s'attacher involontairement à la ſéduction, croire parce qu'il avoit cru, & ſoutenir quelque temps ſur ſes yeux le bandeau qui ſe détachoit par dégrés. Cette vue explique tous les faits de la dernière époque.

Faits qui ont ſuivi la lettre du 12 Juillet. Ainſi la dame de la Motte vient annoncer à M. le Cardinal de Rohan, quelques jours après la lettre du 12 Juillet, que les 700,000 liv. deſtinées aux Jouailliers pour le 3ʳ, la Reine en avoit diſpoſé; que le payement ne s'en feroit qu'au premier Octobre, mais que les intérêts feroient acquittés. Il eſt étonné, contrarié, mais fort éloigné de concevoir des allarmes ſur la fraude. C'eſt alors qu'il dit au ſieur de Saint-James qu'il avoit vu écrit de la main de la Reine, qu'elle avoit 700,000 liv. : mais que depuis elle en avoit fait une autre difpofition.

Ici, il faut parler d'une erreur du fieur de Saint-James, qui, fans-doute, a cru entendre, puifqu'il l'a dit, que M. le Cardinal de Rohan avoit vu les 700,000 livres dans les mains de la Reine , & qu'il n'avoit pas voulu s'en charger. C'eft un mal-entendu palpable, & ce ne peut pas être la vérité. Quel intérêt M. le Cardinal auroit-il pu avoir, à cette époque, de s'expliquer , comme le témoin le fuppofe ? Il eft certain que le fieur de Saint-James avoit conçu de lui-même , & goûtoit l'idée de faire l'avance des fommes auxquelles la Reine paroiffoit obligée ; mais ce n'étoit que fous la condition formelle, que la Reine , elle-même, daigneroit lui dire à ce fujet une parole de bonté. M. le Cardinal avoit approuvé ce projet, & la condition à la fois ; tant il étoit convaincu que les engagemens pris au nom de la Reine, étoient véritables! Mais il n'avoit point follicité le fieur de Saint-James, il ne lui avoit pas même infinué de faire cette avance ; le fieur de Saint-James en convient dans la procédure. Encore une fois, quel eût donc été l'intérêt de M. le Cardinal , à tenir le difcours qu'on lui prête ? Comment, d'ailleurs, eft-il poffible qu'il eût refufé de fe charger d'une fomme deftinée à payer la négociation qu'il avoit faite ? Cela feroit évidemment abfurde. Le fieur de Saint-James eft le feul qui déclare un fait auffi inconcevable ; & l'on fçait qu'il eft de principe qu'un témoin unique n'eft abfolument rien. Mais enfuite, le fieur de Saint-James eft convenu qu'il s'agiffoit entre M. le Cardinal, & lui, d'une converfation légère , tenue fur une terraffe étroite, où il y avoit beaucoup de monde ; ils s'y parloient bas, de peur d'être entendus. Or il eſt trop facile, ſur-tout dans une telle circonſtance, de confondre, au bout de pluſieurs mois, deux propos de converſation, auſſi ſemblables, quant aux termes : l'un, *J'ai vû dans les mains de la Reine, une ſomme de* 700,000 *liv. ;* l'autre, *j'ai vû écrit de la main de la Reine, qu'elle avoit* 700,000 *l.*, pour qu'on ſe permette de fonder quelque opinion, ſur une baſe auſſi chancelante : l'influence des témoins doit être meſurée ſur la nature des faits dont ils dépoſent ; il en eſt ſur leſquels ils n'ont pas pu ſe tromper ; il en eſt d'autres, ſuſceptibles de mille modifications incertaines, & ce ſont, ſur-tout, les paroles : car on ne les retient gueres, que ſelon le ſens qu'on y attachoit, en les écoutant ; & M. le Cardinal de Rohan avouera qu'il a du parler très-affirmativement des 700,000 liv., parce qu'il n'avoit aucun doute, d'abord ſur l'exiſtence, enſuite ſur la diſpoſition de cette ſomme, deſtinée au payement des Jouailliers, & que ſon erreur étoit alors dans toute ſa force.

Nous ajouterons, au reſte, que le ſieur de Saint-James paroiſſoit diſpoſé, non pas à faire une avance, ſi la Reine, elle-même, ne lui en donnoit pas l'ordre, mais à accorder des délais aux Jouailliers, pour la ſomme de 800,000 liv., qu'ils lui devoient perſonnellement, & que cette diſpoſition ſe montra, ſur-tout, quand il fut inſtruit par M. le Cardinal, que le payement de la première échéance, étoit différé juſques au mois d'Octobre.

C'eſt à ce moment que, naquirent, s'augmentèrent & s'évanouirent les premières inquiétudes de M. le Cardinal.

Premières inquiétudes de M. le Cardinal.
Note trouvée dans ſes papiers.

On vint lui dire que depuis la lettre du 12 Juillet, une femme-de-chambre de la Reine avoit déclaré que S. M. ne ſçavoit ce que cela vouloit dire ; qu'une autre perſonne vouloit avoir une conférence avec les Jouailliers, & que ceux-ci étoient allarmés fur leurs engagements du 31 Juillet : la perfuafion de M. le Cardinal étoit fi ferme qu'il demeura convaincu que la femme-de-chambre de la Reine ou n'avoit point parlé, ou étoit mal inftruite, & que tout ce qu'on pouvoit conclure de fon difcours, fi elle l'avoit tenu, c'eft que le fecret devoit être apparemment obfervé.

M. le Cardinal eft dans l'ufage d'écrire des notes ou *memento*, fur tous les objets qui l'occupent ; cette pratique n'eft pas celle des hommes diffimulés, qui fe fouviennent de tout, & n'écrivent jamais rien. Parmi le grand nombre de ces notes, il en eft une qu'on a diftinguée ; elle eft heureufement devenue piéce du procès ; elle prouve tout ce que nous avons dit des difpofitions de M. le Cardinal. C'eft entre le 22 & le 25 Juillet, qu'elle doit fe placer. M. le Cardinal s'y parle à lui-même ; il fe dit qu'il a *envoyé chercher les B*. (Boëhmer), qu'il leur a recommandé d'obferver le fecret, avec la perfonne qui les avoit appellés ; qu'il faut même, plutôt que de faire une confidence, dire (en attendant que les doutes foient éclaircis) que l'objet en queftion eft envoyé dans l'étranger. Il s'avoue, à lui-même, que la crainte que les Jouailliers lui témoignent, commence à l'inquiéter ; mais il fe raffure, en obfervant que le *moyen qu'il a propofé*, (celui de faire ufage des delais que le fieur de St-James confentoit à donner, pour les 800,000 liv. qui lui étoient dues), *arrange tout POUR LE PRÉSENT & POUR LE FUTUR;* (pour le *préfent*, parce que cela tranquillife les Jouailliers, fur leurs payements de la fin du mois ; pour le *futur*, parce que la Reine devoit payer le 1er Octobre, felon les affurances données par la dame de la Motte) ; il ajoûte *que l'ordre des chofes* qu'il recommande, ne fera pas changé, en profitant des difpofitions de la perfonne (du fieur de Saint-James), puifque cette perfonne eſt dejà inſtruite de tout; *le débiteur* (le ſieur Boëhmer) *n'ayant pû faire autrement* que de lui confier la négociation du Collier, (ſur lequel le ſieur de Saint-James avoit une créance conſidérable). Ainſi, ajoute-t-il, *cela fera naitre le calme où eſt actuellement le trouble & le déſeſpoir.*

Voilà les termes, & c'eſt-là le ſens de cette note : Elle prouve ce que nous avons dit, que M. le Cardinal éprouvoit à peine un moment d'inquiétude, & qu'auſſitôt les motifs de ſa confiance toujours préſens à ſon eſprit lui rendoient toute ſa tranquillité. Il faut faire ici une réflexion très-importante, c'eſt que la note dont il s'agit, n'eſt pas de la main de M. le Cardinal ; elle eſt écrite ſous ſa dictée par ſon valet-de-chambre : il prend ſeulement la précaution de déſigner les perſonnes par de ſimples lettres initiales. Les connoiſſeurs en morale peuvent prononcer d'après cette circonſtance : n'eſt-il pas évident par-là que ſi M. le Cardinal éprouvoit quelque trouble, il ne naiſſoit pas de ſa conſcience ?

Cependant il ſe trouva, vers la fin de Juillet, à portée de voir de l'écriture de la Reine ; la différence entre le caractère & celui des fauſſes approbations, le frappa; &, dans la vérité, voilà les premiers ſoupçons qu'il ait véritablement conçus ; il étoit agité par la foule d'idées qui ſe heurtoient dans ſon eſprit : mais ce qui ſe repréſentoit encore le plus ſouvent à lui, c'étoient les motifs de croire que le Collier étoit dans les mains de la Reine ; c'étoient la force & l'habitude de ſa longue confiance, c'étoit le beſoin de reſter convaincu qu'il n'avoit pas été dupe, dans une matière ſi délicate ; il aimoit mieux ſe dire que ſes yeux pouvoient avoir été trompés.

Il appelle la dame de la Motte, elle eſt tranquille ; elle n'a pas vu écrire la Reine, il eſt vrai ; mais elle ne doute pas que les approbations ne ſoient de ſon écriture ; elle jure au reſte qu'elle tient de la Reine-même, les ordres qu'elle a tranſmis à M. le Cardinal ; elle jure que le Collier eſt parvenu à la Reine. M. le Cardinal l'écoute ; il a le déſir de la croire, & commence à ſe calmer ; « comment pourriez-vous en douter, lui dit-elle ? je dois vous remettre dans deux jours 30,000 liv. de la part de la Reine, pour le payement des intérêts ; vous les recevrez ». En effet, cette femme qui, aux yeux de M. le Cardinal, n'avoit rien, & qu'il nourriſſoit de ſes charités, lui apporte 30,000 liv. le 30 Juillet ; il les voit, ſon ame ſe raſſure ; il ſe repoſe ſur un fait qui lui paroît ſi déciſif ; il oublie ſes ſoupçons, il ne doute plus, & le voilà replongé dans l'erreur dont il étoit depuis ſi long-temps le jouet, & dont il alloit être la victime. Il porte à l'inſtant cette ſomme aux Jouailliers, qui ne la reçoivent point à compte des intérêts, & qui en donnent quittance ſur le principal, au nom de la Reine.

Plaçons toujours à côté de nos faits, la conduite de la dame de la Motte, telle qu'on la connoît aujourd'hui.

Elle étoit agitée des troubles les plus cruels, & ſes agitations, à elle, n'étoient pas auſſi faciles à calmer, que celles de M. le Cardinal. Pour lui, il ne falloit que l'entretenir dans une erreur qu'il aimoit à conſerver : mais la dame de la Motte, quels ſecours pouvoient la défendre des tourmens qu'éprouve le crime, arrivé ſur le bord du précipice qu'il s'eſt creuſé à lui-même ? Ne devoit-elle pas être pourſuivie par la terreur, & ne portoit-elle pas dans ſon ſein ce témoin redoutable, qu'on ne parvient point à séduire?

Elle a soin de nier ces inquiétudes, mais elles font prouvées.

Le tumulte de sa maison étoit remarquable, & a été remarqué ; le 27 Juillet, elle voit un de ses amis ; elle le prie de lui faire trouver 35,000 l. à l'instant ; il ne le peut pas ; *je les trouverai, dit-elle, chez mon Notaire*, & elle sort : ce jour là, elle ne revient ni dîner, ni souper, ni coucher chez elle : on assure qu'elle sort de Paris pendant la nuit suivante ; elle revient, il est vrai, le lendemain ; mais le 31 elle s'enferme avec Villette dans une chambre haute ; déclare, en descendant, à plusieurs personnes qu'elle va l'envoyer chercher son mari à Bar-sur-Aube ; celui-ci étoit parti le 17 Juillet il revient le 3 Août ; &, peu de temps après, accompagné d'un témoin qui en a déposé, il se transporte chez Me Minguet, Notaire, rue du Mouton ; là il remet au Notaire, toujours en présence du témoin, six billets des fermes de 5,000 l. chacun, & fait sur le Bureau un billet à vüe de 5,000 l. ; le Notaire lui rend un écrin ; c'étoit celui de la dame de la Motte (1).

Réflexions sur l'Emprunt qu'elle a fait, des 30,000 liv. remises à M. le Cardinal.

Ces soins, ces démarches, ces allarmes, cet emprunt de 35,000 l. au moment même où les 30,000 liv. sont remises à M. le Cardinal, au nom de la Reine, cet écrin mis en nantissement, ces fonds que le sieur de la Motte apporte de Bar-sur-Aube, pour dégager les diamans de sa femme, tout prouve que la dame de la Motte avoit le premier & le plus grand intérêt, à perpétuer l'erreur de M. le Cardinal de Rohan ; c'est par-tout la même fraude, mille fois démontrée, qui

____

(1) Encore un mensonge de la dame de la Motte ; si on l'en croit, tant de peines n'ont été prises, que pour prêter 30,000 liv. à une dame digne de tout son respect, qu'elle ose nommer. Et elle n'a rien prêté à cette dame qui ne l'a même jamais vue, qu'une fois par hazard en maison tierce.

fait

fait les plus grands efforts, pour retarder le moment de la lumière; & chaque fait, chaque circonstance découvrent à l'œil des Magistrats, le fonds d'une conscience tourmentée par le crime.

On peut bien juger par-là, si ce n'est pas évidemment la dame de la Motte, qui a demandé à M. le Cardinal un asyle dans son Hôtel, & si c'est lui qui l'a offert, comme elle ose le prétendre.

L'inquiétude étoit à son comble dans la maison de la dame de la Motte; dans les premiers jours du mois d'Août, on démeubloit les appartements; on a vu la maîtresse & la femme-de-chambre sortir, mystérieusement enveloppées dans le capuchon de leurs mantelets; on a eu soin d'éteindre les lumières dans la loge, & d'en écarter ceux qui s'y trouvoient, avant de passer dans la rue : le Portier peut en rendre témoignage : & cependant M. le Cardinal de Rohan étoit pleinement tranquillisé, depuis cette somme de 30,000 l. que la dame de la Motte lui avoit apportée.

Elle lui députe, le 3 Août, sa femme-de-chambre, pour le prier de venir à l'instant rue-Neuve S.-Gilles ; la porte étoit défendue ; elle insiste ; il y eut débat, prières, instances ; la femme-de-chambre elle-même l'a précisément déclaré, enfin elle entre ; M. le Cardinal va chez la dame de la Motte. Il faut pénétrer toute la profondeur du plan qu'elle a formé. Elle est convaincue que l'erreur qu'elle vient de raffermir, ne peut pas durer long - temps encore; la vérité va sortir des ténébres ; elle a déjà jetté quelques rayons. Celui qui fut si cruellement sa dupe, aura, sans doute, un grand intérêt à étouffer l'affaire , lorsqu'il sera éclairé; mais il est utile de rendre cet intérêt plus pressant encore, par de nouvelles manœuvres; plus il sera

K

enlacé, moins il fera à craindre : plus il aura paru proté-
ger, fecourir la dame de la Motte, jufqu'aux derniers inftans, plus il tremblera de dénoncer fa fraude : le projet
qu'elle forme eft donc, dans ces inftans périlleux, de
renforcer la déplorable chaîne, qui attache l'innocent au
criminel, qui lie enfemble l'artifice & la fimplicité. O malheureufe condition de la candeur, lorfque le crime lui
oppofe fa terrible fageffe ! *J'ai des ennemis, dit-elle ; je fuis
accufée d'indifcrétion & de vanteries ; d'un moment à l'autre je
puis être arrêtée ; on m'a fait efpérer, fi je quitte Paris, que
peut-être on ceffera de m'appercevoir, où je me ferai cachée. Je
devrois être partie ; jufques-là, je tremble ; en attendant que mes
affaires foient terminées ici, & que tous mes meubles foient enlevés,
accordez-moi de grace un afyle dans votre Hôtel.* M. le Cardinal
de Rohan foupçonne quelque affectation, mais ne voit pourtant à faire qu'un acte de bienfaifance ; il confent avec peine,
mais finit par accorder l'afyle. Entrée le 4 avec fon mari dans
un petit appartement de l'Hôtel, c'en eft affez ; elle en
fort dès le 5 ; &, le 6, ils partent pour Bar-fur-Aube (1).

Pourquoi elle
n'a pas fui plus
loin. On s'étonne qu'ils n'ayent pas fui plus loin, puifqu'ils
font évidemment coupables : nous-nous étonnerions bien
davantage, s'ils avoient fui. Pourquoi fuir ? C'eût été fe dénoncer eux-mêmes ; & leurs projets perfides étoient bien
plus fçavans, bien plus dignes d'eux. Ils ne craignoient
plus M. le Cardinal de Rohan ; n'étoit-il pas pris fans retour ?
Si le délit fe découvre à fes yeux, ne faudra-t-il pas qu'il
s'indigne, mais auffi qu'il s'arrange, qu'il paye & fe taife ? La
fociété d'intérêt n'eft-elle pas fcellée entre l'innocence

---

(1) Elle avoit dit à M. le Cardinal, qu'elle alloit fe retirer chez un de fes parens, en
Champagne, tant elle étoit foigneufe de lui cacher fes acquifitions !

& le crime ? Le falut des coupables n'eft-il pas déformais fous la garde de la pudeur, qui impofe filence à leur victime ? Et la combinaifon étoit bien jufte ; elle auroit réuffi immanquablement, fi M. le Cardinal de Rohan avoit connu la vérité, avant d'avoir été frappé du coup terrible.

Qu'on n'oublie pas, qu'on n'oublie jamais, que l'innocence de M. le Cardinal & le crime de la dame de la Motte, font prouvés avec évidence. Les chofes fe font donc paffées au commencement du mois d'Août, de la manière qu'il le déclare ; & le Mémoire de la dame de la Motte n'eft encore qu'une pure fable fur cet objet, comme il l'eft fur tout le refte.

Il eft faux & impoffible qu'il lui ait parlé, le 3 Août, de diamans livrés à elle, en préfence du fieur de Caglioftro, pour aller les vendre en Angleterre. Il ne refte plus rien de ce menfonge.

Il eft faux & impoffible, qu'il ait craint qu'elle ne parlât de cette livraifon, *puifqu'elle eft imaginaire.*

Ainfi la fable entière périt par le fondement.

Il eft faux & impoffible, qu'il lui ait dit que *la Reine renioit le Collier* (nous fommes obligés d'employer les termes de fon Mémoire), mais cette parole, fi elle pouvoit avoir été prononcée, feroit une preuve nouvelle, qu'il n'avoit jamais douté jufques-là, que le Collier ne fût dans les mains de la Reine.

Il eft faux & impoffible qu'il ait montré à la dame de la Motte aucune piéce de comparaifon, pour vérifier le caractère des fauffes approbations ; mais toutes les recherches de ce genre qu'auroit pu faire M. le Cardinal, feroient encore autant de preuves, plus claires que le jour, qu'il n'avoit pas auparavant fufpecté la fincérité de l'écriture ; l'auteur d'un faux ne cherchera jamais, fi par hazard les piéces qu'il a forgées lui-même, ne feroient pas des piéces fauffes.

K ij

'Il eſt faux & impoſſible, qu'il ait tenté d'effrayer la dame de la Motte, qu'il ait voulu lui faire appercevoir des Eſpions ſous ſes fenêtres (1), & qu'il l'ait engagée à fuir. Si elle avoit été innocente, cela ſeroit d'une abſurdité monſtrueuſe; &, puiſqu'elle étoit coupable, M. le Cardinal qu'il faudroit ſuppoſer éclairé ſur ſon crime, M. le Cardinal trompé, aſſaſſiné par elle, pouvoit encore moins l'avertir humaïnement, de ſe ſauver ſans délai.

Il eſt faux & impoſſible, qu'il l'ait menacée puérilement du buſte du ſieur de Caglioſtro; quelle ineptie! & il n'y avoit pas même de buſte du ſieur de Caglioſtro, dans la chambre qu'elle occupa vingt-quatre heures.

Il eſt faux & impoſſible, qu'ils ayent été renfermés ſous clé dans cette chambre, puiſque le ſieur de la Motte en eſt ſorti lorſqu'il l'a voulu, y eſt rentré de même, & en a librement fait ſortir ſa femme, pour la ramener chez elle.

Ainſi la dame de la Motte, chargée, convaincue du crime de faux & du crime de vol, a ſeule imploré l'aſyle qui lui a été accordé dans l'hôtel. (2) M. le Cardinal, dont l'innocence eſt démontrée de tant de manières, a repouſſé, malgré lui, les lueurs affreuſes qui pouvoient lui faire ſoupçonner la fraude; il a cru le plus long-temps qu'il lui a été poſſible,

____

(1) Elle avoit été juſqu'à prétendre, que M. le Cardinal avoit engagé le ſieur Quidor, Inſpecteur de Police, à paſſer devant ſa maiſon, & à marquer une vigilance allarmante. Il n'auroit jamais voulu s'y prêter, il a été entendu, & le fait eſt faux.

(2) Ici il faut encore obſerver, que la dame de la Motte a nié qu'elle eut demandé un afile à M. le Cardinal, mais qu'il réſulte de ſa confrontation qu'elle a demandé cet afile: puis qu'elle en donne pour raiſons, les fauſſes terreurs que, ſelon elle, M. le Cardinal lui avoit inſpirées; choſe vraiment étrange, il n'y a pas une ſeule pierre de ſon édifice, qu'elle n'ait remuée, déplacée, renverſée: ſans ceſſe elle détruit d'une main, en bâtiſſant de l'autre ce qu'elle détruira encore.

parce qu'il étoit affreux de perdre son erreur, & l'asyle qu'on l'a engagé à donner, n'est qu'un nouveau piége dressé contre lui par l'artifice.

Combien cela devient palpable, quand on rapproche de ce fait, celui dont le sieur Bassange a dû déposer ! Il voit, le 3 Août, la dame de la Motte ; elle lui dit : quoi?......que les approbations sont fausses ; & elle le renvoye à M. le Cardinal, qui est bien en état de le payer. *Elle avertit que les approbations sont fausses !* Elle est la machinatrice du faux ; cela est évidemment prouvé ; M. le Cardinal a été de la bonne-foi la plus pure ; cela est démontré également; il croit même encore, malgré un instant de soupçon ; & c'est elle qui dénonce la fausseté, dont elle seule est coupable ! *Elle renvoye les Jouailliers à se pourvoir auprès de M. le Cardinal !* Quel rayon de lumière sur le plan que nous avons apperçu dans sa conduite! elle sçait que M. le Cardinal, désabusé, ne pourra plus que prendre des arrangemens pour payer, qu'il en prendra infailliblement, plutôt que de faire un éclat ; & c'est, en effet, vers M. le Cardinal qu'elle dirige les pas des Jouailliers ; c'est à lui qu'elle veut qu'ils s'adressent, bien sûre, que malgré l'indignation qu'il sentira, elle pourra rire de son impuissante colère, & jouir du fruit de son crime avec impunité.

Preuve nouvelle du plan quelle avoit formé.

Le sieur Bassange inquiet, agité, se présente, en effet, le 4 Août, chez M. le Cardinal : il le voit tranquille ; son erreur n'est pas dissipée : *Votre intermédiaire,* dit le sieur Bassange, *ne nous trompe-t-il pas tous les deux ?* M. le Cardinal réfléchit, le rassure. Le sieur Bassange, ajoute, dans son récollement, que M. le Cardinal de Rohan lui a demandé si, pour le tranquillifer, il falloit avoir traité directement avec la Reine ; & que M. le Cardinal lui a ajouté, affir-

Erreur évidente du sieur Bassange.

mé même qu'il avoit traité directement. C'est au moins une erreur du témoin, & il est aisé de s'en convaincre ; il est impossible que cette déclaration ait été faite au sieur Bassange.

Personne n'étoit mieux instruit que lui, de la manière dont les ordres prétendus de la Reine avoient été transmis à M. le Cardinal. Celle à qui les Jouailliers avoient montré le Collier en Décembre ; celle qui les avoit avertis, le 11 Janvier, que la Reine désiroit le Collier, & qu'un grand Seigneur seroit chargé d'en traiter pour S. M. ; celle qui étoit venue, le 14 Janvier, à sept heures du matin, les prévenir qu'il alloit paroître, & qu'il falloit prendre des précautions avec lui ; celle à qui ils ont fait leurs remercîmens, le 4 Février ; celle à qui même ils ont pensé à faire offrir un présent, c'étoit bien à leurs yeux l'auteur de toute l'affaire : voilà le tiers ou l'intermédiaire, par lequel ils sçavoient que s'étoit formée la correspondance, que M. le Cardinal croyoit avoir avec la Reine. Aussi n'ont-ils point été surpris, lorsque, dans le commencement de Juillet, M. le Cardinal leur déclara que la lettre ne parviendroit à la Reine, *que par la voie d'un tiers* ; & l'on remarque que, dans l'entrevue du 4 Août, le premier mot du sieur Bassange, est celui-ci : *Votre intermédiaire ne nous trompe-t-il pas tous les deux ?* Instruit parfaitement que M. le Cardinal ne traitoit que par un *intermédiaire*, il le dit lui-même, il ne peut donc pas venir à l'esprit de M. le Cardinal de l'assurer qu'il *a traité directement ?*

Mais, si l'on ajoute à ceci, que les Jouailliers ont présenté un Mémoire au Roi, le 12 Août, huit jours seulement après la conférence, & qu'ils n'ont rien dit de ce dernier fait ; qu'ils ont présenté, le 23 Août, au Ministre du Roi un autre Mémoire, dans lequel ils parlent de cette conversation du 3 Août, où la dame de la Motte leur déclara que la signature étoit fausse, & leur donna le conseil de s'adresser à M. le Cardinal, & que dans ce Mémoire ils n'en ont pas dit davantage ; que, le 18 Août, le sieur Bassange a conféré de l'affaire avec le sieur Serpaud, qui en a déposé ; que, dans cette conférence, il a parlé de la visite du 4 Août, par lui faite à M. le Cardinal, de la conversation qu'ils ont eue ensemble, & que non - seulement il n'a rien raconté de ce même fait au sieur Serpaud, mais encore qu'il a mis dans la bouche de M. le Cardinal ces paroles, toutes différentes : *Oui ; je vous affirme que tout ce que je vous ai dit est vrai ;* si l'on ajoute encore que, dans sa déposition faite au mois de Septembre, le sieur Bassange, parlant à la Justice Souveraine, sous la foi du serment, n'a pas retrouvé ce fait dans son souvenir, nous lui demanderons, quelle mémoire, nouvellement éclose, a pu lui rendre un mot si long-temps oublié ?

Et qu'on ne nous dise pas, que le silence du sieur Bassange, dans un si grand nombre d'occasions, a eu pour motif le secret qu'il prétend lui avoir été imposé par M. le Cardinal ; nous voyons bien qu'il a cru se rappeller l'idée de ce secret, en même temps que l'idée du mot auquel il l'applique ; mais l'un n'est pas plus digne de foi que l'autre : & à qui persuadera-t-on que les Jouailliers auroient pu, dans une affaire aussi importante, se croire dispensés par un tel motif, de dire la vérité toute entière au Roi & à la Justice ? Nous n'avons donc pas même besoin, pour écarter cette partie de la déposition du sieur Bassange, de faire remarquer à la Cour, que nul fait n'est prouvé dans les Tribunaux, s'il n'est attesté par deux témoins, & que le sieur Bassange étant le seul qui déclare celui-ci, il suffit à M. le Cardinal de Rohan de le nier, comme il le nie précisément, pour le faire à jamais disparoître.

Mais pourquoi nous arrêter si long-tems, sur un objet dont les conséquences ne peuvent influer sur le Procès?

Quand même il seroit arrivé, ce qui n'est pas, que dans quelque conversation que ce pût être, M. le Cardinal, regardant les paroles qu'il croyoit avoir entendues, dans les jardins, de la bouche de la Reine, comme une garantie personnelle & directe, des ordres que lui transmettroit la dame de la Motte; M. le Cardinal, considérant les lettres que celle-ci lui montroit, comme l'expression directe de la volonté de la Reine, puisqu'elles auroient été destinées à parvenir jusqu'à lui, eût dit en effet qu'il avoit traité directement; allons plus loin encore, quand même quelques esprits mal disposés voudroient croire, que ces motifs de persuasion n'avoient pas assez de force, & que pour prendre du corps à ses yeux, ils avoient besoin d'être appuyés, soit de l'état d'anxiété, où les moindres doutes devoient jetter M. le Cardinal, soit des illusions d'un amour propre, toujours bien difficile à réprimer, lorsqu'il persuade une chose honorable; eh bien! que s'en suivroit-il de cette supposition? Autorisé comme M. le Cardinal auroit cru l'être, forcé par l'état de son ame, à repousser toute idée allarmante, ce seroit à peine une foiblesse; & il seroit aussi juste de l'excuser dans sa personne, qu'il seroit juste de punir dans la dame de la Motte, la cause monstrueuse d'une erreur aussi insensible.

Au reste, il est important, de se représenter sans cesse cette idée dominante & décisive, que la dame de la Motte est rigoureusement convaincue d'avoir supposé les ordres, fait fabriquer le faux, dévoré le produit de la fraude; que l'erreur, la bonne-foi, la droiture de M. le Cardinal sont démontrées d'une manière invincible: il est donc d'une impossibilité

physique,

physique ; que les faits des derniers temps, où l'homme si cruellement trompé devoit frémir, à l'approche des éclaircissemens, changent, altèrent ou dénaturent une vérité acquise & fixée depuis six mois ; que ce qui est, ait cessé d'être, que le crime du faux & le crime du vol soient devenus l'innocence, que l'erreur & la bonne-foi soient devenues le crime.

On a vu que le système que s'etoit formé la dame de la Motte, consistoit à rejetter sur les sieur & dame de Cagliostro les crimes qu'elle a commis. *Le noble tissu*, disoit-elle, *est devenu leur proie* : & l'on croiroit, car cela n'est pas bien clair, qu'en mêlant je ne sçais qu'elles idées magiques à cette fable, elle s'etoit flattée de persuader, que M. le Cardinal de Rohan pourroit bien avoir pensé que le même Collier étoit, à la fois, dans deux endroits différens : jamais les Tribunaux n'avoient rien entendu, qui égalât ce délire. C'est pour assortir les parties de ce système, qu'elle avoit imaginé de placer dans les mains de M. le Cardinal, au commencement du mois d'Août, une lettre à vignette, qui portoit, nous dit-elle : *J'envoie par la petite Comtesse une telle somme* (1) , *pour tranquillifer ces malheureux.* Elle faisoit dire à l'instant par M. le Cardinal : *M'auroit-elle trompé la petite Comtesse ? Mais, non ; je connois trop madame de Cagliostro.*

Il est inutile d'avertir les Magistrats & le Public que tout cela n'est qu'une fable ; il est facile d'en juger : quelle foi ajouter à une femme, dont la vie entière n'est qu'une longue imposture ? Comment celui à qui l'on enverroit des fonds, pourroit-il, de cela seul, conclure qu'il a été trompé ? Il concluroit plus raisonnablement qu'il ne l'est pas. Enfin, qu'y

____

(1) Et la somme étoit considérable ; car elle dit qu'elle étoit exprimée, par un chiffre & un nombre de zéros qu'elle n'a pas comptés.

L

à-t-il dans tout le procès, contre la dame de Cagliostro ? La scène des diamans, en présence du sieur de Cagliostro, n'est plus qu'une fable honteuse, anéantie, qu'il faut abandonner : ce n'est pas la dame de Cagliostro qui a dit à toute la terre, qu'elle étoit honorée des bontés de la Reine, qui a montré de fausses lettres, qui a fait jouer un rôle de séduction dans les Jardins, qui a vû les Jouailliers, donné des espérances, supposé une volonté de la Reine & des ordres donnés à un Grand Seigneur, qui a reçu des remercîmens, qui, d'une pauvreté extrême, a passé, tout-à-coup, à une richesse excessive. Est-elle accusée, décrétée du plus léger des décrets ? Elle n'est pas seulement soupçonnée. Elle est en liberté. Enfin à la derniere confrontation la dame de la Motte a prononcé la rétraction formelle de toutes les fables qu'elle avoit inventées contre les sieur & dame de Cagliostro. Elle a déclaré qu'ils navoient aucune part directe, ni indirecte à l'intrigue du Collier.

Cependant, il y a une conséquence utile, à tirer de ces fables : c'est que la dame de la Motte a reconnu dans tous les tems que M. le Cardinal de Rohan avoit été trompé ; c'est qu'elle se bornoit à rejetter sur un autre, le poids de sa propre honte ; c'est que, si mal-à-droite & si fausse dans son imputation, elle restoit, dès avant les derniers aveux, seule chargée du crime, dont elle ne pouvoit pas même faire retomber la possibilité, sur la personne qu'elle osoit accuser.

Le sieur de Cagliostro peut être odieux à la dame de la Motte, parce qu'il l'a jugée, & que la pénétration est importune aux âmes fausses. Il ne l'avoit jugée que sur sa physionomie ; car il ignoroit ses actions : toujours il a trouvé M. le Cardinal, prêt à prendre la défense de l'honnêteté de cette femme, tant ses yeux étoient aveuglés ! c'est une vérité que le sieur de Cagliostro déclare par-tout dans fon Mémoire. Vers le commencement du mois d'Août, M. le Cardinal crut un inftant , néanmoins , que les frayeurs que montroit la dame de la Motte , pour être admife dans l'Hôtel, étoient affectées ; c'eft en ce moment qu'il a pu dire au fieur de Caglioftro, qu'il commençoit à la foupçonner d'intrigue ; mais ce ne fut point alors qu'il lui fit, pour la première fois , l'hiftoire du Collier ; il lui en avoit déjà parlé dans l'intimité de la confiance : & quant à la crainte que le Collier n'eût pas été remis à la Reine, le fieur de Caglioftro interpréta peut-être ainfi les paroles de M. le Cardinal , fur la dame de la Motte ; mais il eft de toute certitude , qu'il n'a point exprimé cette crainte, parce qu'il ne l'avoit pas ; le fieur de Caglioftro eft convenu à la confrontation qu'il n'en étoit pas affez fûr pour l'affirmer , & fi pourfuivant l'idée dont il étoit rempli , il a confeillé à M. le Cardinal de livrer cette femme à la Police, & d'inftruire le Roi , M. le Cardinal dut réfifter à cet avis, non par pitié pour une coupable, mais par juftice pour une femme, qu'il croyoit encore innocente, fur le fait de la négociation (1).

Avant de partir pour Bar-fur-Aube , la dame de la Motte a fait difparoître fon homme de confiance. Elle avoit prié le 3 Août un religieux Minime , de tenir, pendant une nuit , les portes de fon couvent ouvertes , pour que le fugitif pût en le traverfant , trouver un cheval prêt à la porte de derrière. Cet acte de complaifance ne lui fut point accordé. C'eft donc dans la cour de la maifon , rue neuve-

Fuite de Villette.

----

(1) La dame de la Motte a répandu de nouvelles injures contre le fieur de Caglioftro , dans un écrit de 46 pages : elle s'y livre encore à l'efpérance de voir la dame de Caglioftro, enfin décrétée : en effet , la dame de la Motte ne peut fe paffer de ce décret dans fon fyftême ; encore à quoi lui ferviroit-il aujourd'hui ? il faut avouer qu'à cet égard , les chofes ne paroiffent pas tourner à fa fatisfaction ; & quant aux injures, cela ne nous regarde pas.

St.-Gilles , qu'un cabriolet fut préparé ; le fieur Villette , pourvu d'une fomme de 4,000 liv. qu'il tenoit de fa complice , y monta la nuit du 5 au 6 Août , & attendit jufqu'à deux heures du matin , un cheval qui avoit été acheté par le fieur de la Motte. Cette voiture le conduifit hors de France. On fçait à préfent combien il importoit à la dame de la Motte , d'éloigner ce perfonnage ; mais il vient d'être remis à fa place , & les foupçons que fa fuite excitoit , fa préfence les change en certitudes ; il emportoit en fuyant , & rapporte avec lui le dernier mot del'affaire.

Nouvelle machination de la dame de la Motte.Cependant M. le Cardinal de Rohan refta dans fon erreur ; les Jouailliers , de leur côté , fupplierent la Reine de leur accorder une audience ; ils eurent l'honneur de l'obtenir le 9 Août : le douze , ils préfenterent leur Mémoire au Roi.... ; le quinze ..... ; Mais avant de peindre le moment le plus terrible , M. le Cardinal fe rappelle , que ce qu'il a raconté n'eft pas tout encore. Affaffiné par la dame de la Motte , il peut faifir au moins la main qui l'a frappé , & la montrer armée du poignard de la fraude ; il a une ennemie , il fçait où porter fa défenfe : mais , dans le temps de fon fommeil , on difpofoit contre lui une attaque plus ténébreufe encore : ces difpofitions ont éclaté ; un bruit imprévu s'eft fait entendre , jufques dans la prifon qui le tient renfermé ; les mots de mariage , de dot , de diamans , ont retenti à fon oreille ; des noms inconnus ont été prononcés ; il s'eft vu pourfuivi par des fantômes ; il ne fera pas difficile de reconnoître quelle voix criminelle les avoit évoqués : fuivons donc encore cette carrière rebutante , puifque la deftinée de M. le Cardinal de Rohan , a été de ne fortir d'un combat , que pour rentrer dans un autre , & qu'un Génie funefte s'étoit attaché à multiplier fous fes pas les piéges & les précipices.

ÉPISODE DE BETTE D'ETIENVILLE.

Un homme, né à St. Omer, eleve de chirurgie dans un Hôpital, fils, les uns difent d'un Vitrier, les autres d'un Carrier, eft venu à Paris ; dénué de toutes ref-fources ; il efpéroit d'obtenir le privilége des Almanachs chantans, ou du moins il s'en vante ; il n'a pas réuffi ; tombé dans l'excès de la mifere, il a été emprifonné, felon lui, pour dettes, felon d'autres, pour une caufe moins hon-nête. Il s'eft fait depuis commerçant de fauf conduits, qu'on lui payoit & qu'il ne livroit pas. Il eft actuellement décreté de prife de corps, & détenu dans les prifons ; il s'eft annoncé comme inftruit de quelques faits concernant M. le Cardinal de Rohan ; fon témoignage a été appellé du fonds de la prifon : pouvoit-on y chercher la vérité, avec l'efpoir de la trouver ? Voici l'incroyable Hiftoire que débite cet homme, qui s'appelle Bette d'Etienville.

Il alloit quelquefois au Caffé *de Valois*, au Palais-Royal ; il y voit un fieur Augeard, qu'on ne peut plus retrouver aujourd'hui ; après quelques entrevues, ils en font aux con-fidences : Augeard propofe à d'Etienville de lui chercher quelque bon Gentilhomme, qui veuille bien époufer une femme riche de 25,000 liv. de rente, & protégée par un grand Seigneur. Ni la femme ni le grand Seigneur ne font nommés ; & voilà d'Etienville qui fe met en *quête* ; il com-mençe à *fureter*, ce font les termes de fon 1er Mémoire.

Le Gentilhomme fe rencontre fans beaucoup de peine. D'Etienville veut alors fçavoir les noms, & veut auffi voir par lui-même : on lui nomme M. le Cardinal de Rohan & une dame Mella de Courville : celle-ci ne fe retrouve pas plus qu'Augeard, elle a difparu comme lui. Augeard conduit d'Etienville dans une voiture de place bien fermée, pendant la nuit : on arrête devant une porte cochère affez baffe, · les deux Entremetteurs s'élancent, montent, parviennent à un appartement, & d'Etienville voit une femme aimable. Elle lui confirme tout ce que lui a dit Augeard, qui fe donne pour fon Intendant : (1) la première vifite eft du 4 Avril ; d'Etienville revient de la même manière le lendemain, & dès cette feconde entrevue, il eft engagé à fouper, tête-à-tête, avec cette dame de Courville ; il y foupe. Jufqu'au 14 Août, c'eft toujours avec le même myftère, dans une voiture fermée, & enpleine nuit, qu'il eft conduit & ramené.

Le mariage qui fe décide dès le 4 Avril, eft indiqué pour le 12 ; différents prétextes le font différer enfuite, d'abord jufqu'au 15 Juillet, puis jufqu'au 12 du mois d'Août. La dame de Courville avoit beaucoup de diamans qui provenoient, difoit-elle, d'une *Rivière*, dont M. le Cardinal de Rohan lui avoit fait préfent ; elle les avoit montrés à d'Etienville dès fa feconde vifite ; elle lui avoit propofé même d'aller les vendre en Hollande, & il s'y étoit refufé. Dans le cours du mois d'Avril, M. le Cardinal de Rohan s'eft fait voir deux fois, dans la même maifon, à d'Etienville, & il lui a expliqué fes intentions relativement au mariage de la dame de Courville : il y trouvoit fouvent auffi un homme, qui paroiffoit avoir là beaucoup

____

(1) Il faut noter que d'après le Mémoire des fieurs Vaucher & Loque, D'étienville a dit dans fon interrogatoire, qu'Augeard s'étoit annoncé d'abord à lui, comme Intendant de *la dame de Courville*, demeurant *rue neuve S.-Gilles, chez la dame de la Motte*. Ainfi le myftere fur le nom de la future, & fur fa demeure, & les vifites nocturnes, & ces voitures fi bien clofes, pour cacher à d'Etienville ce qu'on lui avoit dit tout naturellement & d'abord, cette ignorance où il a vécu jufqu'à fon retour de Flandres, fur le domicile de la dame de la Motte, ce ne font plus que des fables détruites par l'impofteur lui-même.

de confidération, & qu'on appelloit, tantôt M. de Marcilly, tantôt M. le Confeiller.

Le Baron de Fages, c'eft le nom du Gentilhomme pro-pofé par d'Etienville, s'affligeoit des délais ; il avoit des dettes & demandoit des fecours, que la dame de Courville lui refufoit ; mais la feconde fois que d'Etienville vit M. le Cardinal de Rohan, on prit un parti pour tranquillifer le Baron de Fages. La dame de Courville figna un dédit de 30,000 liv. il devoit être payé par tiers, le 15 Août, le 15 Octobre, le 15 Décembre, quelle que fut la caufe qui fît manquer le mariage. Ce dédit fait le 17 Avril, fut daté du 26, on ne fçait pas pourquoi : il eft remis à d'Etienville, ca-cheté de cinq fceaux, & dépofé par lui entre les mains du fieur Abbé Mullot, Prieur de Saint-Victor ; mais ce papier deftiné à fervir de titre au Baron de Fages, devoit pourtant être repréfenté à la dame de Courville, à fa première réquifition.

Celle-ci avoit une terre, où elle eft allée paffer fix femaines, de la fin de Mai, jufqu'au mois de Juillet. Elle a eu la très-grande honnêteté d'inviter ce d'Etienville à venir l'y voir. Il y eft conduit ; c'eft encore par Augeard, & c'eft encore pendant la nuit ; d'Etienville, fidele au plan de tout ignorer, n'en connoît ni la route ni la pofition ; il fçait feulement qu'il faut trois ou quatre heures de marche ; le parc donne fur une rivière ; il ne fait pas fi c'eft la Seine ou la Marne ; il y avoit du monde ; mais perfonne n'y étoit jamais appellé par fon nom ; d'Etienville ne connoît pas un feul des habitans de cette maifon ; chacun n'étoit défi-gné, que par le titre de Préfident, de Confeiller, de Mar-quis, ou de Comte.

De retour à Paris, la dame de Courville ne fe difpofoit

point au mariage projetté pour le 15 Juillet ; elle annonça de nouveaux délais ; M. le Cardinal de Rohan avoit besoin de temps encore, disoit-on , pour rassembler 500,000 liv. qu'il destinoit à la dot ; il l'annonça lui-même, vers le 18 Juillet, à d'Etienville, & la célébration fut fixée définitivement au 12 du mois d'Août. Le Baron de Fages qui, sur la foi de ce mariage, s'étoit fait livrer des fournitures, étoit dans le plus grand embarras ; d'Etienville lui servit de caution envers un ou deux des Fournisseurs.

Il rencontre, le 7 Août, son Augeard, & le voit dans la plus grande agitation. Dès le soir, il va chez la dame de Courville , & elle lui parle de contre-temps qui traversent ses projets. Il la voit encore, le 9, le 10, le 11 , livrée aux mêmes alarmes, dont elle lui dissimule la cause. Le 13, elle exige, suivant la singulière convention qui en avoit été faite, que d'Etienville lui représente le dédit ; il hésite, elle se courrouce ; il le remet, elle le déchire, mais elle a tout de suite l'honnêteté, bien rassûrante, de promettre qu'elle n'en payera pas moins exactement.

Plus de mariage au reste ; tout est rompu ; elle est forcée de s'éloigner à l'instant, il n'y a plus de sûreté pour elle en France ; elle presse d'Etienville de la suivre jusqu'à un port de mer ; là, elle lui remettra 30,000 liv. D'Etienville résiste, & ensuite il céde ; il prend la diligence de Saint-Omer, le 14, à 11 heures du soir, sous le nom de Wanin ; elle part, de son côté, dans une voiture particulière ; le 16 Août, à huit heures du matin, il arrive à Arras ; la dame de Courville l'attendoit vis-à-vis du Bureau ; elle lui annonce que, la veille, M. le Cardinal de Rohan a été arrêté à Versailles, & que les diamans qu'elle lui avoit montrés, provenoient du Collier ; elle le supplie de ne pas l'abandonner dans fa fuite ; il refufe , puis il confent d'aller avec elle jufqu'à Saint-Omer , fa patrie; ils remontent alors, lui dans la Diligence, elle dans fa chaife; mais, voilà que la chaife rebrouffe chemin, & l'emporte rapidement vers Paris. De ce moment, c'en eft fait, d'Etienville n'a plus revu la Dame de Courville: elle eft perdue pour lui, & n'exifte plus pour perfonne. Le 13 Août, Augeard s'étoit également évanoui pour jamais. Tous les fantômes ont difparu.

D'Etienville veut fe cacher, & pour cela s'enfuit à Dunkerque. Le Baron de Fages & le Comte de Précourt, fon ami, inftruits de fon évafion , le pourfuivent, l'atteignent, le raménent & finiffent par le laiffer libre. On prend des arrangemens avec les Fourniffeurs du Baron de Fages ; ils donnent quatre ans de délai ; &, cependant, ils rendent plainte en efcroquerie contre le Baron de Fages & d'autres perfonnes, particulièrement contre d'Etienville; On nous affure que d'Etienville, décrété, s'eft rendu facilement en prifon. Il a été interrogé par le Lieutenant-Criminel, & enfuite affigné, comme témoin, dans le Procès de M. le Cardinal de Rohan; il a fait fa dépofition le 12 Janvier.

Quel épouvantable ramas de folies, d'abfurdités & de contradictions! Un homme prefqu'inconnu , qui charge d'Etienville de négocier un mariage ! Des vifites nocturnes, dans une voiture de place bien fermée , pendant quatre mois & demi! Une convention que les époux ne fe verront point jufqu'à la célébration ! Une femme , une Chanoineffe qui invite à fouper, tête à tête avec elle, un tel proxénéte, qu'elle n'avoit vu qu'une fois, la veille ! Un Marcilly qui ne fe retrouve pas; un Augeard qui s'eft perdu de même ; une dame de Courville qui n'exifte point! Une obligation, que d'Etienville doit repréfenter à la perfonne obligée à fa première requifition! Une partie de campagne propofée par la dame fantaftique à cet Entremetteur! Une Invitation de venir paffer quelques jours à fa Terre! L'étrange manière de voyager pour s'y rendre, avec Augeard, en pleine nuit! L'ignorance abfurde de d'Etienville, qui ne fçait ni le nom de la Terre, ni le nom d'une rivière fort large, qu'il *foupçonne*, dit-il, d'être la Seine ou la Marne; ni les noms des perfonnes de la fociété, qui fe défignent toutes uniquement par les titres de leur état, ou de leurs dignités! La remife du dédit à la dame de Courville, qui le déchire! La fuite de d'Etienville, par la voiture publique, fous un nom fuppofé, tandis qu'elle fuit en chaife de pofte! L'inexplicable diligence, avec laquelle un fait, qui n'a été connu à Paris que le 15, à deux heures, eft fçu & raconté le lendemain 16 à Arras, à huit heures du matin, par la dame de Courville! Cette dame de Courville, qui fuyoit de Paris, & même de France, où elle n'étoit plus, difoit-elle, en fûreté, & qui ne va jufqu'à Arras, que pour en revenir à l'inftant, & pour reprendre la route de Paris, au moment où elle auroit dû être frappée d'une terreur plus profonde! Qui nous a donc tranfportés dans le pays des chimères? L'hiftoire de d'Etienville reffemble d'un bout à l'autre aux rêves d'un malade en délire.

Preuves des menfonges de cet homme.

Ajoutons que, felon le Mémoire qu'il écrivit à Dunkerque, lorfqu'il fut atteint par le Baron de Fages & le Comte de Précourt, la dame de Courville auroit dit à d'Etienville à Arras, le 16 Août, à huit heures du matin, non-feulement que M. le Cardinal de Rohan étoit arrêté, mais encore qu'il avoit été conduit à la Baftille, quoique M. le Cardinal de Rohan n'ait été conduit à la Baftille que la nuit du 16 au

17. Ajoutons, encore, qu'il prétend avoir écrit le 14 au Baron de Fages, avant de partir par la diligence, & lui avoir marqué que tout étoit rompu, & qu'il se déterminoit à fuir; mais cette lettre, dit-il, n'a point été reçue: & c'est tout le contraire; car d'un côté sa lettre est parvenue au Baron de Fages; & de l'autre, la vérité est, que d'Etienville, fuyant à cet instant-là même, affirme pourtant dans cette lettre, que le mariage aura lieu, & qu'il se dispose à se rendre à Vineuil près Chantilly, la nuit du 15 au 16, & à ramener de suite le Baron de Fages à Paris, pour y faire la célébration. Ajoutons enfin que toutes les lettres dont le Baron de Fages avoit chargé d'Etienville, pour sa *Future*, inconnue, & que d'Etienville l'assuroit avoir remises, se sont retrouvées en original dans les Papiers de cette entremetteur à Dunkerque. Tout n'est donc que mensonge & folie.

Il est temps de se rappeler l'endroit où d'Etienville prétend avoir vu cet Augeard, ce Marcilly, cette dame de Courville, qui se sont dissipés tous ensemble, comme le songe de la nuit; l'endroit où il prétend avoir vu ces diamans provenus d'une *rivière*, donnée par M. le Cardinal de Rohan, l'endroit où il ose dire, enfin, qu'il a vu M. le Cardinal lui-même. C'est dans la maison de la dame de la Motte, rue neuve Saint-Gilles, N° 13; c'est dans l'appartement de la dame de la Motte.

Des diamans chez elle le 5 Avril! cela ne surprend pas; elle en avoit; on sçait que, le 11 ou le 12 de ce mois, le sieur de la Motte en a emporté pour 400,000 liv. en Angleterre. Des scènes jouées par des personnages apprêtés! cela ne surprendroit pas davantage; on sçait que cet exercice n'est pas nouveau pour elle. Y auroit-il quelque rapport caché entre l'aventure prétendue de la Dame de

Courville, & cette phrase du Mémoire de la dame de la Motte : *Le mari part* (en Juillet, pour Bar-sur-Aube) *la dame sa femme reste à Paris, pour un mariage de la demoiselle de Valois, sa sœur, qui se traitoit alors :* nous l'ignorons. Les rôles ont-ils été distribués & effectivement représentés ? ou bien, l'histoire entière de d'Etienville n'est-elle qu'une fable convenue, pour répandre dans le monde le bruit d'un mariage, que M. le Cardinal de Rohan auroit voulu faire en 1785, & dont il auroit fourni une partie de la dot en diamans ?

On se demanderoit, peut-être, dans ce cas, pourquoi d'Etienville rend à la dame de la Motte le mauvais service, d'en laisser le théâtre dans son appartement même. C'est qu'il n'est plus le maître de choisir : c'est que, poursuivi, décrété, prisonnier, menacé des rigueurs de la Justice, d'Etienville a songé d'abord à lui-même, & n'a pas apperçu qu'il pût mettre la scène dans un autre endroit, sans courir le danger d'être à l'instant confondu. La dame de la Motte, de son côté, a dû être frappée du péril de reconnoître d'Etienville, d'avouer qu'il fût venu chez elle, & de convenir avec lui, qu'il y eût vu M. le Cardinal de Rohan. L'intérêt des Associés a dû se diviser, au moment de leur rencontre dans la procédure, & leur division a dû tourner au profit de la vérité. Cette confrontation est importante; & ce qui en a été publié, vient à l'appui de ces réflexions. D'Etienville a reconnu dans la dame de la Motte, une simple amie de la dame de Courville; il a dit l'avoir vue une fois chez cette dame, c'est-à-dire, chez la dame de la Motte elle-même. Celle-ci n'a eu garde d'avouer qu'elle reconnoissoit d'Etienville.

Dans cette maison de la dame de la Motte, il n'y a jamais eu personne qui portât le nom de *Courville*, ni celui d'*Augeard*; on n'y connoît pas plus le sieur de Marcilly : comment donc d'Etienville auroit-il pu y souper tête-à-tête, y rester jusqu'à deux heures après minuit, avec la dame de Courville, qui n'y demeuroit pas ? Il soutient, encore, que les neuf, dix & onze du mois d'Août, il est entré comme à l'ordinaire, dans cet appartement, qui est celui de la dame de la Motte, & cela est impossible ; la dame de la Motte étoit partie le 6 Août ; son appartement étoit fermé, & la clé étoit dans les mains de celui qu'elle avoit fondé de sa procuration, en partant : l'imposture est donc démontrée dans l'ensemble & dans les parties.

C'est au milieu de toutes ces rêveries, parmi la foule de tant de faussetés dégoûtantes, qu'un tel homme ose dire, ose affirmer qu'il a vu M. le Cardinal de Rohan deux fois en Avril, une fois en Juillet, chez une dame de Courville, c'est-à-dire rue Neuve-S.-Gilles, n° 13, où cette dame de Courville n'a jamais demeuré. Peut-on se permettre seulement d'écouter cet imposteur convaincu, & n'est-il pas repoussé invinciblement, par le mépris qu'inspirent ses stupides mensonges ?

Ce feroit faire à un témoin de ce genre, un honneur qu'il ne mérite assurement pas, de lui opposer la maxime ; *Testis unus, testis nullus.* Contre un homme accablé de toutes sortes de reproches, il faut tout d'un coup employer d'autres armes. Réduit à la misère, vivant d'industrie, actuellement décrété de prise-de-corps, il ne peut porter qu'un témoignage suspect & réprouvé par la loi. D'un côté, il est seul ; sa fable entière ne repose que sur ses propres déclarations, qui la renversent à mesure qu'elles la produisent : d'un autre côté, il est indigne de toute confiance : &, qu'on y fasse attention, il avoit engagé au moins quelques fournisseurs, à livrer des marchandises au Baron de Fages, en les assurant des projets de mariage, qui se traitoient pour lui ; il leur avoit parlé d'une dame de Courville & de M. le Cardinal de Rohan ; ainſi il ne peut plus aujourd'hui ſe démentir, ſans ſe perdre : avoir vu M. le Cardinal de Rohan, avoir reçu de ſa bouche les aſſurances qu'il a tranſmiſes, c'eſt ſa défenſe contre l'accuſation ; auſſi eſt-ce, dans le procès criminel qui lui eſt intenté, qu'il a fait les Mémoires, d'où nous avons tiré les différens traits qui compoſent ſa fable. Les faits qu'il employe à ſa défenſe, & ceux qu'il oſe déclarer en qualité de témoin, ce ſont les mêmes faits : comment donc des allégations qui ne ſont rien pour lui dans ſes interrogatoires, deviendroient-elles quelque choſe dans ſa dépoſition ? comment, lorſque ſes rêveries abſurdes ne peuvent avoir aucune influence, pour ſa juſtification à lui-même, influeroient-elles ſur le ſort d'un autre accuſé dans un autre procès ? Cela eſt clairement impoſſible.

Nouvelles impoſtures du même. D'ailleurs il en impoſe, en diſant que la dame de Courville demeuroit rue neuve Saint-Gilles, N° 13, en y plaçant Augeard, en y mettant en tiers le ſieur de Marçilly ; il en impoſe ſur le contenu de la lettre qu'il prétend avoir écrite au Baron de Fages, le 14 Août dernier, au moment de ſa fuite ; il en impoſe, en déclarant qu'il eſt entré, le 9, le 10, & le 11 Août, dans l'appartement de la dame de Courville, c'eſt-à-dire, dans celui de la dame de la Motte, puiſqu'il étoit fermé à clé ; il en impoſe ſur beaucoup d'autres faits, que le Baron de Fages & les Fourniſſeurs relèvent dans les Mémoires qu'ils ont publiés ; il en impoſe par ſon roman entier, qui choque dans toutes ſes parties les lumières du bon ſens ; il en impoſe donc également, en oſant dire qu'il a vu trois fois M. le Cardinal de Rohan chez la dame de Courville, puiſque celle-ci n'eſt elle-même qu'un être imaginaire, ou un perſonnage de théâtre, que la dame de la Motte a fait jouer dans ſa maiſon.

D’un autre côté, la dame de la Motte nie qu’elle ait vu d’Etienville chez elle ; elle nie qu’elle y ait reçu la dame de Courville, elle ne s’est aidée du mensonge de d’Etienville, que pour soutenir qu’elle avoit vu cette dame de Courville, chargée de diamans, chez M. le Cardinal de Rohan, pendant la semaine-sainte (qu’il passe toujours à Versailles) ; puis elle a déclaré à la fin, dans ses confrontations, qu’elle ne sçait absolument rien de relatif à l’imposture de d’Etienville, que l’existence de la dame de Courville & sa personne lui sont également inconnues, qu’elle ne l’a jamais ni vue ni rencontrée, & que si elle a dit le contraire dans le procès, sous la foi du serment, c’est une déclaration dont elle a cru utile, pendant quelque temps, d’appuyer la fable de d’Etienville. Elle ajoute qu’elle n’a connu cette fable, que d’après une lettre adressée à son défenseur, par ce même d’Etienville, qui offre de donner son roman pour 2000 écus, à condition qu’il aura, lui, la liberté de s’enfuir en Italie. Mais ce roman qui vaut si peu avec son témoignage, que vaudroit-il s’il étoit en fuite ? ou la lettre est vraie, & dans ce cas, d’Etienville est un fourbe convaincu par lui-même : ou elle est fausse, & la dame de la Motte est évidemment de concert avec lui.

Le mensonge de d’Etienville est donc tellement démontré aux yeux des Magistrats, qu’ils ne peuvent plus délibérer que sur le châtiment qu’il merite : mais, en observant cette multitude de machines que la fraude assembloit dans les ténébres, pour les mettre en action contre M. le Cardinal de Rohan, durant le combat qui pouvoit s’élever un jour, entre la calomnie & l’innocence ; qui ne frémiroit des dangers, dont l’artifice peut environner tous les pas de la candeur ?

Le sieur d’Etienville donne le signalement de M. le Cardinal de Rohan, comme pour montrer qu’il ne se trompe Contradictions odieuses de d’E-
tienville.

pas. Ce fignalement n'eft pas fidéle ; mais il étoit bien facile de le tracer avec plus de vérité ; & qui ne voit que cela n'auroit rien prouvé ? Il a foin d'ajouter, dans fon premier Mémoire, qu'il n'a perfonnellement aucun doute fur l'identité, & que l'individu qu'il a trouvé trois fois chez la dame de Courville, eft parfaitement reffemblant à celui qu'il a vu à la Cour & à la Ville, porter le nom de M. le *Cardinal de Rohan* : d'Etienville connoiffoit donc parfaitement bien M. le Cardinal, & dès-là, ou il étoit affuré de dire vrai, ou bien il mentoit volontairement ; il ne pouvoit pas avoir de doute; s'il eut été convaincu, rien n'auroit pu faire qu'il cefsât de l'être ; la dénégation même de M. le Cardinal, ne lui auroit pas fait croire qu'il eût été dans l'erreur; cela eft évident.

Cependant, depuis fa confrontation même, où d'Etienville a affirmé qu'il reconnoiffoit M. le Cardinal de Rohan, il déclare, il publie dans fon troifiéme Mémoire qu'il s'eft vraifemblablement trompé; & déjà auparavant, à l'époque où d'Etienville a fçu que M. le Cardinal foutenoit ne l'avoir jamais vû, & n'avoir jamais connu cette dame de Courville, il a été égalément perfuadé de fon erreur. Il en a été perfuadé, car il l'a écrit de fa main : donc il eft faux, quoiqu'il l'ait affuré, qu'il connût M. le Cardinal; il eft prouvé qu'il a menti, dans l'endroit le plus affirmatif de fon premier Mémoire, & voilà le témoin que nous fommes forcés de difcuter.

Il l'a écrit, difons-nous, de fa main. Avant le décret de prife-de-corps prononcé contre lui, cet homme manquoit de pain : il crut pouvoir tirer parti de la fable qu'il avoit forgée, ou qui lui avoit été compofée par la dame de la Motte ; il s'adreffa de lui-même à un Valet-de-Chambre de M. le Cardinal, & lui annonça avoir vu, chez une dame de Courville,

ville, une perfonne qu'on lui difoit être M. le Cardinal de Rohan ; qu'affurément on l'avoit trompé, & qu'il n'en doutoit pas ; qu'il défiroit même de pouvoir lui être confronté, pour *confondre la malice des infâmes qui avoient ourdi une pareille trame:* ce font les termes dont il s'eft fervi. Le Valet-de-Chambre, s'étant bien inftruit que M. le Cardinal ne connoiffoit ni la dame de Courville, ni Augeard, ni Marcilly, ni d'Etienville, & qu'il n'imaginoit pas même ce qui avoit pu donner lieu à cette fable atroce, & non moins ridicule, le fit fçavoir à d'Etienville, qui reconnut encore plus pleinement, alors, la fraude dont il avoit été, difoit-il, le jouet & l'inftrument ; il fit confidence en même temps à ce Valet-de-Chambre, de l'excès affreux de fa mifère, & le fupplia de lui procurer quelques fecours. Le Valet-de-Chambre, touché, prêta cinq louis, dont d'Etienville fit fon billet ; mais il ceffa, depuis ce moment, d'entretenir aucune correfpondance avec d'Etienville.

Celui-ci, décrété & prifonnier, envoya au même, pour obtenir quelque argent ; il en obtint, dit-il, de la pitié, mais il n'en obtint pas feulement une réponfe ; &, le jour où il dépofa dans le procès, le 12 Janvier dernier, ce même d'Etienville, qui femble avoir voulu depuis élever des foupçons, fur les intentions qu'avoit eues le valet de chambre, en lui prêtant 120 liv, lui écrivit une lettre, où il parle le langage le plus touchant, que puiffe employer la mifère ; voici fes termes :..

» . . . . Vous n'avez jamais éprouvé l'infor-
» tune ; puiffiez-vous l'ignorer toujours ; mais, fi vous étiez
» témoin de ma fituation, vous en feriez pénétré. Je n'ai
» que vous feul, à qui je puiffe m'adreffer en pareille cir-
» conftance. Ne craignez pas d'avoir à vous repentir de votre
» bonté à mon égard. Si j'étois affez heureux pour être connu

N

» de vous (1), j'ose me flatter que vous n'hésiteriez pas. Quant
» aux cinq louis que vous avez bien voulu m'avancer , je
» serois bien malheureux, si je ne me trouvois pas dans la
» possibilité de vous les remettre à l'époque. Voyez, Mon-
» sieur , à faire un effort en ma faveur ; il semble que je
» ne suis pas indigne du service que je réclame ; j'en con-
» serverai toute ma vie la plus vive reconnoissance. . . . .

D'Etienville convaincu de faux par lui-même.

Sa lettre ne produisit aucun effet : le 18 Janv. suivant, il es-
saya d'intéresser la bonté de Madame la Comtesse de Brionne ;
il n'eut aucune réponse : il écrivit une seconde lettre, le 27, qui
ne lui fut pas plus utile. Ce que ces deux lettres contiennent
d'essentiel, le voici : on y va voir l'iniquité démasquée par
elle-même ; on y va voir ce même d'Etienville qui , selon son
1er Mémoire, avoit rencontré à la Ville & à la Cour, & parfaitement connu M. le Cardinal de Rohan, le connoître, au contraire, si peu, que sa dénégation lui suffit, pour être persuadé
de son innocence. On y va voir par quelles impressions il a été
vraisemblablement rappellé, à l'imposture intrépide, qui se
remarque dans ce premier Mémoire, qu'il a soutenue ensuite
à la confrontation, & qui s'est adoucie dans le troisiéme écrit
publié pour sa défense : « J'ose supplier Votre Altesse ,
» dit - il , d'implorer les bontés de S. E. en ma faveur,
» non que je veuille me prévaloir des circonstances pour exci-
» ter sa générosité ; je sens que ce titre seroit insuffisant, puisque
» S. E. m'a fait declarer qu'elle n'étoit pour rien, dans la
» TRAME ODIEUSE QUI S'EST JOUÉE CHEZ Mme LA COM-
» TESSE DE LA MOTTE. Tant que j'ai été dans la persuasion
» que M. le Cardinal étoit la personne qui m'avoit employé ,
» j'ai souffert les plus grandes persécutions avec constance,

***

(1) Voilà l'homme qui n'a pas craint de dire , que le Valet-de-Chambre (dont il
avoue qu'il n'étoit pas connu ,) lui avoit fait espérer qu'il le meneroit à Saverne.

» fans vouloir confentir à d pofer, dans la crainte que mes
» dépofitions ne devinffent contraires à S. E., comme elles
» l'euffent devenu, SI M. LE CARDINAL N'ÉTOIT PAS
» FAUSSEMENT IMPLIQUÉ DANS CETTE NOIRCEUR......;
» J'OSE FORMER DES VŒUX, POUR QUE LE FIL D'UNE
» INTRIGUE AUSSI ABOMINABLE SOIT ENFIN DÉCOU-
» VERT, ET QUE LES AUTEURS D'UNE PAREILLE TRAME
» SOIENT PUNIS, COMME ILS LE MÉRITENT......; j'ai
» penfé à faire parvenir à M. le Cardinal une lettre......,
» bien convaincu que, touché de mon état, il viendroit au
» fecours d'un infortuné, qui ne gémit dans les fers, QUE
» PARCE QU'ON L'A TROMPÉ, ET QU'ON A ABUSÉ DE
» SA CONFIANCE DE LA MANIÈRE LA PLUS INDIGNE...:»
» Ce qui redouble mes difgraces, dit-il dans la lettre du
27 Janvier; « c'eft une vifite que j'ai reçue ce matin d'un
» Avocat, qui fe dit chargé, de la part d'une perfonne qui
» prend beaucoup d'intérêt à *Madame la Comteffe de la Motte,*
» de venir m'offrir des fecours. Dois-je & puis-je les rece-
» voir? Non, *rien ne fçauroit corrompre ma droiture;* elle eft la
» fource de mes maux; mais, fi je dois expirer, que je quitte
» la vie fans remords.........; ce n'eft qu'après le défaveu
» formel de M. le Cardinal que j'ai fait mes dépofitions.
» Menaces, perfécutions rien n'a pu ébranler ma con-
» ftance ». (Il eft impoffible d'entendre ce qu'il veut dire, par
» ces derniers mots)....: J'ai fait mon devoir, & dans le
» malheur affreux que j'éprouve, j'ai la paix au fonds de
» l'âme. Trente louis me rendroient la vie......... Je
» n'ai pas été affez heureux pour les obtenir de Votre Al-
» teffe; quelqu'en foit la raifon, je la refpecte........ Je
» me regarderois comme le plus infâme des hommes, *fi*
» *la misère où je me trouve, pouvoit me faire triompher de ma*

» *droiture, & me faire commettre la moindre lâcheté ....* »
» la personne qui est venue..., doit revenir demain, en m'en-
» gageant beaucoup à lui remettre mon Mémoire, & les
» papiers qui peuvent avoir quelques relations à cette af-
» faire............. Peut-être suis-je assez infortuné, pour
» que la délicatesse soit la seule cause qui ait déterminé Vo-
» tre Altesse, à ne me point faire passer le secours que
» j'osai reclamer ...... Ne craignez point, Madame, que
» l'on puisse soupçonner que vos bienfaits soient dans le
» cas d'altérer *ce que je dois à ma probité, & à M. le Cardi-*
» *nal,* QUE JE CROIS FERMEMENT INNOCENT DEPUIS
» SON DÉSAVEU .... Nous ne perdrons pas le temps
en réflexions, sur tout ce qu'on vient de lire; mais voilà
l'homme qui, dans un Mémoire publié trois semaines
après cette dernière lettre, trois semaines seulement après
cette visite dont il parle, affirme qu'il connoit parfaitement
bien M. le Cardinal de Rohan, & qu'il ne doute pas de
l'avoir vû, lui-même, dans l'appartement de la dame de
Courville. Voilà le témoin véridique, qui voudroit laisser
entendre qu'on a essayé de le gagner; le témoin honnête
& noble, à qui M. le Cardinal de Rohan s'est vû confron-
ter........ ô douleur ! .... C'en est assez : ici,
nous finirons l'Episode de Bette d'Etienville; mais nous ne
pouvons pas, en le terminant, nous refuser une réflexion
qui nous paroît d'un grand poids.

Réflexion sur la ressemblance des deux machinations, de d'Etienville & de la dame de la Motte.

Il y a une si grande ressemblance entre la fraude que
la dame de la Motte a pratiquée pour tromper M. le
Cardinal de Rohan, & celle dont d'Etienville s'est chargé
pour tromper le Baron de Fages, les formes en sont si pa-
reilles, les moyens si identiques, qu'on y voit absolument l'empreinte du même génie ; c'est dans le même

temps, en 1785, que ces deux machinations ont été conduites : dans toutes deux, un Intermédiaire dit tout, rapporte tout, affure de tout, promet tout, & les deux extrêmes ne fe rapprochent jamais ; dans toutes deux, la correfpondance du tiers eft enveloppée de fecret & de myftère; dans toutes deux, on repréfente des fcènes ; des rôles fantaftiques font diftribués ; des apparences font produites & données pour des réalités; il s'agit de diamans dans l'une & dans l'autre ; dans l'une & dans l'autre les menfonges de détail fe multiplient, s'accumulent & décèlent l'impofture ; ce concours de faits tous combinés d'une manière femblable , fous une forme pareille, & tous empreints du même caractère d'illufion, femble tranfporter le Lecteur dans le féjour des fantômes, & l'environner de preftiges. A ces traits de conformité extraordinaires, on jugeroit déjà, avec certitude, que les deux artifices ont pris naiffance au même point, qu'ils font fortis de la même tête, qu'ils ont été dirigés vers le même but; on le jugeroit fur cela feul ; & il fe trouve enfuite parfaitement prouvé au Procès, que le berceau de la fable que d'Etienville a répandue, c'eft en effet une maifon rémplie des diamans du Collier; c'eft une maifon rue Neuve-Saint-Gilles, marquée du No 13; c'eft la maifon, c'eft l'appartement même de la dame de la Motte : ceffons donc enfin de parler de ' impofture de d'Etienville.

L ORSQUE nous en avons commencé l'examen, l'ordre des faits nous avoit déjà conduits à l'époque du 15 Août. Le fouvenir en eft fi déchirant, il a laiffé dans l'ame de M. le Cardinal de Rohan, une empreinte fi ineffaçable, que cette cruelle image furpaffe tous les maux qu'il a foufferts. Il boit à

Faits depuis le 15 Août jufqu'à préfent.

longs traits, tous les jours, dans la coupe de l'amertume; mais les ames fenfibles fe font, peut-être, de fes fouffrances, une idée au moins imparfaite; & les ames pures n'ignorent pas, que l'innocence peut répandre, fur fes peines, de triftes confolations; au lieu que perfonne ne parviendra jamais à fe peindre les impreffions du premier moment, où la lumière de la Vérité entra, tout-à-coup, dans fes yeux. Réveil terrible! où la difgrace du Roi, les apparences du crime, la multitude confufe des idées néceffaires à la juftification, le défir impétueux & l'impuiffance de les développer toutes à la fois, la préfence de la Majefté Royale, la douleur profonde d'avoir offenfé la Reine, en croyant lui prouver fon refpect & fon dévouement même, l'opinion publique, fi prompte helas! à fe tromper, fi lente à fe défabufer, les conjectures de l'Europe, fes propres dignités, les malheurs de fa maifon, la pénétrante affliction de fes parens, fe précipitoient fur fon ame, fe fuccédoient, fe preffoient, fe confondoient & ne formoient plus qu'un fentiment inépuifable de douleur & de défefpoir.

M. le Cardinal de Rohan ne put que s'écrier douloureufement; *j'ai été trompé, & je n'ai pas trompé.* La plus nette, la plus rapide de fes défenfes, lui parut être dans la piéce qu'il avoit religieufement confervée, parce qu'il la croyoit vraie: il fupplia le Roi de permettre qu'il la lui remît par les mains de fon Miniftre: ramené à Paris, il la remit, en effet; les fcellés furent appofés fur fes papiers: il prit la liberté d'adreffer au Roi un Ecrit de quatre pages, qui contenoit, en abrégé, le récit de la fcène des jardins de Verfailles, & celui des faits qui l'ont fuivie. Il fut conduit à la Baftille, & interrogé miniftériellement. Le 18 Août, la dame de la Motte fut arrêtée à Bar-fur-Aube, & fon mari ne le fut pas; il prit la fuite, se transporta en Angleterre, où il vendit des bijoux & des perles &, se ressaisit de diamans qu'il y avoit laissés. Cet homme manque encore, si non à la preuve, du moins à la Justice.

Ce fut après que la dame de la Motte eut donné sa déclaration, que le Roi voulut bien faire demander à M. le Cardinal de Rohan, s'il désiroit un Jugement judiciaire, & exigea que la résolution fut signée de lui & de ses parens.

M. le Cardinal répondit qu'il avoit espéré qu'une confrontation pourroit convaincre le Roi de la fraude, & il n'eut, en ce cas, souhaité d'avoir pour Juges que sa justice & sa bonté ; mais, cette espérance étant évanouie, il accepte, avec une respectueuse reconnoissance, la permission de faire éclater son innocence par les formes juridiques : il supplie en conséquence le Roi, avec les plus vives instances, d'ordonner que son affaire soit renvoyée & attribuée au Parlement, les Chambres assemblées. Les Parens de M. le Cardinal ont signé. Ce cri arraché par l'honneur, ne lui avoit pas fait oublier ses priviléges : on va le voir.

Des Lettres-Patentes ont renvoyé l'affaire à la Grand'-Chambre assemblée. Le seul délit qu'elles expriment, c'est l'abus du nom de la Reine, dans l'acquisition du Collier ; quel est l'auteur ? quels sont les complices de ce délit ? est-il vrai que M. le Cardinal ait été trompé par la dame de la Motte ? Voilà le fait dont la recherche est confiée aux Magistrats.

M. le Procureur-Général a rendu plainte sur ce fait unique ; des témoins ont été entendus : des decrets de prise de corps ont été prononcés contre M. le Cardinal, la dame de la Motte, le sieur de Caglioftro, la demoiselle d'Oliva & le sieur de la Motte, fugitif : les quatre premiers étoient déjà à la Bastille.

D'autres Lettres-Patentes ont ordonné que l'Instruction seroit faite dans cette prison royale; M. le Cardinal a été interrogé; il a fait, au commencement de son interrogatoire, la réserve expresse de ses priviléges. Ensuite il a présenté une Requête au fonds, & demandé que son Décret fut converti; il en a été débouté.

Il a fait observer que cette affaire étoit d'un genre particulier; que deux accusés s'y trouvoient en opposition, & que l'un des deux ne pouvoit-être justifié, sans que l'autre fût en même-temps convaincu; ensorte que M. le Procureur-Général, chargé par son ministère de poursuivre tous les deux à la fois, ne paroissoit pas pouvoir, sous prétexte que les faits justificatifs ne font reçus qu'en jugeant, refuser d'appeller les témoins indiqués par l'un des accusés contre l'autre. En conséquence, M. le Cardinal de Rohan a supplié la Cour d'ordonner une addition d'Information, dans laquelle seroient entendus les témoins d'Angleterre, ceux qu'on voudroit choisir à Bar-sur-Aube, & d'autres témoins importants. La Requête a été rejettée quant à présent, & jointe au fonds.

M. le Cardinal a donné une seconde Requête par laquelle il a demandé, que l'affaire fût renvoyée, *quant au délit commun,* au Tribunal Ecclésiastique compétent, pour y être *préalablement* jugée; il en a été débouté.

Le Procès a été réglé à l'extraordinaire : on a procédé aux récollements & aux confrontations : M. le Cardinal n'a été vû qu'un instant par ses conseils.

La notoriété seule a porté cependant, jusques dans la Prison de M. le Cardinal, un Décret du Pape, qui devoit, ce semble, lui être signifié, mais qui ne l'est pas encore. Ce Décret le suspend des honneurs & des droits de Cardinal

nal, parce qu'il n'a pas fait valoir ſes priviléges; enſorte qu'il eſt puni à Rome de ce qu'il ne les réclame pas, & débouté au Parlement de la réclamation qu'il en a faite. Il eſt impoſſible que plus de maux à la fois s'accumulent ſur une même tête.

Gémiſſons, mais ſans crainte : diſons nous que l'Inſtru-ction eſt de rigueur; mais que le moment de juger, eſt celui de l'humanité, de la vérité, de l'équité. Diſons nous que c'eſt évidemment l'innocence même que nous défendons devant la Juſtice ſouveraine : achevons donc , & ré-uniſſons ſous un ſeul point de vue, tout ce qui a déjà fixé l'opinion d'une manière irrévocable. Les faits ſont con-nus & preſque diſcutés; il ne reſte à offrir que des réſultats certains, & des conſéquences infaillibles.

RESUMÉ ET REFLEXIONS.

QUEL eſt le fait du procès? M. le Cardinal de Rohan s'eſt préſenté chez les Jouailliers de la Couronne. Il a traité avec eux d'un Collier, ils le lui ont apporté & livré , il leur a dit que cette parure étoit pour la Reine; il leur a montré , ſur l'original du traité des approbations comme données & ſignées par la Reine. Ces approbations & ces ſignatures ſont fauſſes.

Voilà le fait; voici la queſtion. M. le Cardinal a-t-il voulu tromper les Jouailliers, a-t-il été trompé lui-même? Là ſe réduit toute l'affaire. L'état en eſt fixé par les lettres-patentes.

La bonne-foi de M. le Cardinal eſt directement établie par des preuves invincibles.

O

Le nom de la Reine ne lui a point été néceffaire pour l’acquifition du Collier. Le traité étoit fini & les diamans livrés, lorfqu’il a, pour la première fois, prononcé ce nom augufte, & montré les fauffes approbations. Donc ce qu’il a dit, n’avoit point pour objet de fe procurer le Collier qu’il poffedoit. Donc il a parlé felon fa conviction.

Non feulement il a parlé, mais il a remis aux Jouailliers, une preuve qu’il avoit parlé, en leur écrivant que *la Reine lui avoit fait connoître* que les intérêts feroient payés, à compter de la première échéance : donc il étoit perfuadé de la vérité des ordres de la Reine. Jamais un trompeur ne voulut donner lui-même, fans néceffité, après la fraude achevée, un témoignage écrit de fon impofture.

Que M. le Cardinal n’ait pas été plus frappé de la fingularité de la fignature, que ne l’ont été après lui les Jouaillers eux-mêmes, & le fieur de S.-James; cela peut fe concevoir, mais la négligence avec laquelle le faux eft exécuté, prouve qu’il n’a pu le commander lui-même : criminel, il eût penfé férieufement à ce qu’il faifoit; trompé, il a pu n’avoir pas l’idée de foupçonner la fraude.

Deux jours après il a vu les Jouailliers à Verfailles; il les a invités à faire à la Reine leurs très-humbles remercimens. Donc il ne doutoit pas que le Collier n’eût paffé dans les mains de la Reine.

Chaque fois qu’il les a revus, il les a preffés de remplir ce devoir; toujours ils négligeoient d’en faifir l’occafion; au mois de Juillet, il exigea deux qu’ils écriviffent, & leur lettre fût remife à la Reine. Donc la perfuafion de M. le Cardinal & fa bonne foi étoient toujours les mêmes.

Cet Ecrit faux, qu’un coupable auroit brûlé, il l’a gardé avec un refpect religieux. C’eft lui qui l’a déféré au Roi comme preuve à la fois du crime des trompeurs & de fa droiture; c'eft lui qui l'a remis au Miniftre pour le Roi ; donc il l'avoit cru fincère & vrai ; donc il avoit été trompé.

Par qui l'a-t-il été? C'eft ce qui refte à voir.

Voici ce que déclare M. le Cardinal de Rohan ; & ce qu'il déclare aujourd'hui, il l'avoit déclaré le 17 Août au Roi. Du commencement jufqu'à la fin, on ne peut pas remarquer en lui la plus légère variation, fur les nuances les plus légères des faits.

La dame de la Motte lui a perfuadé qu'elle étoit honorée en fecret des bontés de la Reine ; elle l'a flatté lui-même de voir bientôt finir fa difgrace ; elle lui a montré de fauffes lettres, qui nourriffoient cette illufion ; elle lui a tendu un piége horrible dans les Jardins de Verfailles ; elle lui a porté les faux ordres, fur lefquels il a traité du Collier ; elle lui a remis les fauffes approbations & la fauffe fignature ; elle a reçu le Collier de fes mains.

Comment a-t-il pû être dupe de ces artifices? Qu'importe cette queftion, s'il eft vrai qu'il l'ait été, fi fa bonne-foi eft clairement démontrée ? La vérité n'eft-elle pas l'unique objet des recherches de la Juftice, & lorfqu'elle la poffède, que lui refte-t-il à chercher encore ?

Réflexions fur
l'argument des
vraifemblances.

La vraifemblance, n'eft pas d'ailleurs un caractère dont tout le monde convienne: tel s'étonne de ce qui paroît probable & naturel à un autre ; l'étonnement ne vient fouvent que d'ignorance ; on n'envifage de chaque objet que le côté extraordinaire, & l'on ne connoît pas toutes les circonftances qui feroient rentrer l'événement dont on étoit furpris, dans la claffe des chofes fimples & vraifemblables. Cette affaire préfente, il eft vrai, un trifte exemple de crédulité ; mais malheureufement, ce fut dabord l'amour propre des hommes qui s'en conftitua le juge; l'amour propre qui prend toujours place au-deffus des foibleffes , qui fe plait à s'en étonner, & qui s'exagère fon étonnement, comme pour en paroître plus loin encore.

Suppofez pourtant un caractère franc & droit, qui n'ait jamais trompé perfonne , qui aime à fe perfuader que la méchanceté eft rare , qui fe plaife à faire le bien, & qui croie à peine à l'ingratitude. Mettez le aux prifes avec un efprit artificieux & fouple , qui fache prendre avec adreffe les apparences de la bonne-foi , les formes de l'attachement & de la reconnoiffance, qui lui montre du zèle,& entretienne fa crédulité d'efpérances flatteufes; il n'y a rien que l'artifice ne perfuade à la bonté avec de femblables moyens.

Etoit-il donc bien aifé à M. le Cardinal de Rohan de penfer que, nourrie de fes bienfaits, la dame de la Motte eût deffein de le tromper ? N'étoit-il pas poffible que fa deftinée malheureufe , & la fenfibilité de la Reine n'euffent rapproché l'infortune du trône de la bienfaifance? croit-on qu'il fût fi facile d'imaginer que la dame de la Motte allât publiant dans le monde, le plus hardi des menfonges , & le plus dangereux pour elle-même? la fuppofer capable de fabriquer & de compofer de fauffes lettres de fa Souveraine, étoit-ce une chofe fi naturelle & fi fimple, que la confiance qu'elle a infpirée doive paffer pour inconcevable? fans doute, croire que la Reine eut fixé un moment précis, où elle feroit efpérer à M. le Cardinal de Rohan la fin de fa difgrace, voilà ce qui eût été en effet impoffible; mais ne pouvoit-il pas, fans invraifemblance, efpérer qu'un mot de bonté feroit prononcé dans une occafion fortuite ? Entraîné enfuite fans retour par l'effet foudain & néceffaire d'un tel moment d'illufion, a-t-il pû douter des intentions, qui parvenoient jufqu'à lui, par la perfonne qui, à fes yeux, lui avoit procuré ce bonheur? S'il eût balancé fur leur exécution, les réflexions qu'il fe feroit permifes, lui auroient paru une grande faute; il devoit croire que tous les ordres qui lui arrivoient, honorés de ce nom refpectable, dont les couvroit fon imagination trompée, étoient juftes, réfléchis, revêtus même, à fon infçu, de toutes les convenances néceffaires, dignes de tout fon refpect, & qu'il en auroit profané le caractère, s'il avoit ofé les foumettre à l'examen.

Ah! nous le fentons bien; il y a des affaires, où le Magiftrat, toujours impaffible comme la Loi, devroit perdre néanmoins une partie de fon immobilité. Il feroit bon qu'il fe peignît un état qu'il n'éprouve pas, qu'il fe tranfportât en efprit dans un ordre de chofes qui lui eft étranger, qu'il fe pofât à la place de l'homme foumis à fon jugement, & que cette imagination même, dont il a tant à fe méfier, lui prétât quelquefois l'efpéce de mouvement néceffaire, pour fe repréfenter avec quelque force le caractère des actions qu'il a à préçie? Ce font prefque toujou s, au contraire, des efprits indifférents & froids, qui prononcent dans le monde fur les erreurs des caractères ardens; & l'illufion d'un homme trompé eft trop fouvent calculée par des gens repofés, à qui l'amour propre perfuade fauffement qu'ils ne pourront jamais être dupes.

De-là ces mots vagues & répetés d'étonnement & d'invraifemblance. Celui que l'erreur entraîna, peut leur répondre : Ce qui ne vous paroît pas vraifemblable, étoit vraifemblable pour moi, dans l'état où fe trouvoit mon ame. Il dira à fes Juges: Le calcul des vraifemblances, fi leger, fi mobile, fi fugitif, n'eft plus rien en préfence de la vé_ rité, & la vérité est sous vos yeux, armée de toutes ses preuves; mais exigera-t-on, enfin, que nous parlions aussi de vraisemblances? Eh bien, voici celle qui a dû frapper tous les esprits; voici la grande & l'immuable vraisemblance qui domine sur toute cette affaire.

Un aventurier errant, peut chercher sa fortune dans l'infamie, & son salut dans la fuite; il peut commettre un faux pour exécuter un vol, & se hâter de disparoître: c'est l'opprobre de l'humanité, mais on le conçoit, & malheureusement ce n'est pas un prodige. Ce qu'on ne concevra jamais, ce qu'il est impossible de croire, le voici. Un Evêque, un Cardinal, comblé des graces du Roi, des dignités de l'Eglise, de celles de la Cour, des prérogatives de la naissance & des dons de la fortune, commander un faux, le faire exécuter, s'en servir pour s'emparer d'un Collier de diamans, qu'il faudra nécessairement payer après! acheter le funeste avantage de consommer une affaire ruineuse, qu'il auroit pu faire, s'il l'avoit voulu, par mille autres moyens! l'acheter au prix de son honneur, de son rang, de son état, de sa fortune toute entière! se perdre sans aucun motif! lié de toutes les chaînes de l'opinion & de la société, contenu à la fois par tous les intérêts possibles, se résoudre à périr sans reméde pour une spéculation absurde! c'est là ce qui révolte la raison de tous les hommes, ce qui ne peut recevoir aucune explication présentable, ce qui n'a jamais existé & n'existera jamais; la vraisemblance & la vérité sont donc ici dans une parfaite harmonie.

Maintenant, puisque M. le Cardinal a été trompé, il y a une tromperie qu'il faut connoître; il y a un auteur de la tromperie, qu'il faut rechercher, trouver & punir.

Oublions ici les aveux des coupables & fuivons rapide-
ment la chaîne des faits, pour juger la dame de la Motte.
A l'époque de fes premiers rapports avec M. le Cardinal de
Rohan, où la trouvons-nous ? dans une chambre garnie,
rue de la Verrerie : elle y vît obfcurément avec fon mari,
fon frère & pendant quelque tems avec fa fœur ; on y re-
marque tout l'étrange aſſortiment d'une vie précaire, incer-
taine & dépendante des reſſources de chaque jour. Un
Laquais & un Jokey, des Femmes-de-chambre, dans un
afyle pauvre, avec des meubles de louage ; cependant un
caroſſe de remife, & le fafte mal-adroit de la mifère, avec
le trifte courage de la mendicité ; des querelles avec l'hô-
teſſe, une batterie, une plainte criminelle ; de la hauteur
& rien de ce qui imprime le refpect, 1,580 liv. dues pour
la nourriture, & l'impuiſſance de payer ; voilà le premier
temps.

Un logement plus décent eft loué en 1782, & occupé en
1783. L'aifance apparente dans la maifon rue neuve Saint-
Gilles, n'eft qu'un accroiſſement de mifère réelle. Le mari
& la femme n'y ont vécu que d'emprunts ; tantôt à demi-
meublés, tantôt démeublés, felon que la détreſſe éloignoit
le mobilier, ou qu'un événement imprévu le rappelloit ;
des couverts d'étain, & les jours de repréfentation fix cou-
verts d'argent empruntés : une penfion de 800 liv. parvenue
d'abord à 1,500, puis vendue à perte par l'indigence ; des
domeftiques mal payés, des affaires en marchandifes, qu'on
envoyoit au Mont-de-Piété, les glaces chargées fur les
épaules du laquais, & tranfportées ailleurs pour échapper aux
faifies ; & cependant toujours des voyages, toujours des folli-
citations à Verfailles, à Fontainebleau, quelques préfens
auffitôt dévorés que reçus, des dettes & de l'intrigue ; voilà
le fecond temps, jufqu'au mois d'Août 1784.

C'eſt avec répugnance que nous peignons un état, qui par une dépravation d'idées incroyable, humilie ſouvent plus que le crime; mais l'intérêt de la juſtice & de la vérité nous impoſent la loi de montrer ce qu'étoient les ſieur & dame de la Motte, pour qu'on juge mieux des cauſes qui ont opéré le changement de leur fortune.

La dame de la Motte trouve ſans peine une fable, quand elle a beſoin de la créer : elle s'eſt rappellé ſubitement, à la confrontation, qu'elle avoit reçu près de 200,000 liv., & je ne ſçais combien de diamans, de M. le Cardinal; démentie par ſa pauvreté même, ce qu'elle affirmoit ſans preuve, il ſuffiſoit de le nier ; elle a perſiſté : puis on l'a vue citer, dater, calculer les bienfaits des perſonnes les plus auguſtes & les plus reſpectables : elle a nommé une Princeſſe du ſang royal; &, comme ſi la bienfaiſance héréditaire qui lui concilie l'amour de la nation ne permettoit pas de douter d'un ſeul des bienfaits qu'on lui attribue, elle oſe dire qu'elle en a reçu huit mille livres, & la vérité eſt qu'elle n'en a rien reçu : où la charité l'avoit aidée de douze louis, elle a dit que la munificence l'avoit enrichie de 12,000 francs : où l'humanité lui avoit accordé 600 liv., pour retirer quelques meubles du Mont-de-Piété, ce ſont des ſommes de 6,000, 12,000, 18,000 liv. que la généroſité a répandues ſur elle. Ainſi les foibles ſecours de la pitié deviennent, dans ſa bouche, des preuves d'opulence. Si M. le Cardinal lui objecte ſon mémoire imprimé, *on écrit tout ce qu'on veut dans un Mémoire*, répond-elle. Lui oppoſe-t-il les témoignages ? elle en eſt quitte pour dire que les témoins ſont des impoſteurs.

Jactances & fauſſetés de la dame de la Motte.

C'eſt de l'union de la vanité & du beſoin, que naiſſent la baſſeſſe & l'audace. La dame de la Motte a oſé ſe

dire

dire honorée des bontés de la Reine; elle a vanté son crédit; elle l'a offert; elle a fait voir des lettres supposées. Ici les témoins l'écrasent; les sieurs Boehmer & Bassange, le sieur Grenier, le sieur Hachette, M⁰. de la Porte, le P. Loth, le sieur Villette, la demoiselle d'Oliva, le sieur de Cagliostro, les Domestiques de la dame de la Motte, tous les témoins de France, tous ceux d'Angleterre, où son mari a transporté les mêmes fables, élèvent leur voix contre elle; elle crie que ces témoins en imposent; voilà son unique réponse. Elle est donc convaincue.

C'est M. le Cardinal, ajoute-t-elle, qui s'est permis cette jactance, c'est lui qui a montré une fausse correspondance : où sont les témoins qui l'en accusent? il n'y en a point : où sont les indices? pas d'avantage : à qui a-t-il parlé? A personne : quel motif voit-il de tromper? aucun : qu'eût-il gagné à réussir? rien : pourquoi n'auroit-il trompé sur cela, que la dame de la Motte? pas une seule raison. Répétons donc : elle est convaincue; de quoi? d'en avoir imposé, d'avoir trompé toute la terre, précisément de la même manière, qu'elle en a imposé à M. le Cardinal, précisément comme elle l'a trompé, & par les mêmes moyens.

Avançons, & nous allons bientôt la surprendre au milieu même de son crime.

Concevoir le projet de persuader à M. le Cardinal de Rohan, que la Reine elle même daigneroit lui faire espérer la fin de sa disgrace; s'occuper, sans frémir, de l'exécution de ce projet; profiter d'une circonstance qui devoit donner à ce bonheur le seul caractere qui pût dissiper la défiance, celui d'un événement fortuit & d'une occasion imprévue; chercher une actrice, la préparer, la séduire par des promesses, l'aveugler par de fausses confidences, l'abuser par des let-

Scène des Jardins.

P

tres suppofées; lui donner des inftructions qui puffent, en cas d'éclairciffement, prêter une couleur à la juftification, & l'empêcher en même temps, de les fuivre, en jettant le trouble dans fon ame : tout cela paroît incroyable, & tout cela eft prouvé. Le menfonge, la féduction, les faux ordres, la fauffe correfpondance, le voyage de tous les complices à Verfailles en deux voitures, le 11 Août 1784; l'habitation commune dans le même hôtel garni; la demoifelle d'Oliva, parée des mains de la femme-de-chambre de la dame de la Motte; le Nom le plus augufte employé à la fois, pour l'affermir dans fon rôle & pour la troubler dans l'exécution ; cette odieufe fcène jouée dans les jardins, conftatée par le Baron de Planta, qui en dépofe, par le fieur Rétaux de Villette, qui le confeffe; avouée enfin par la dame de la Motte, après vingt dénégations, vingt parjures; l'illufion que cette fcène a produite; les joies fcélérates des auteurs du complot; la liaifon qui s'eft formée entre la dame de la Motte & la demoifelle d'Oliva ; l'argent qu'elle lui a donné pour récompenfe. Femme hardie ! en attendant le châtiment qui s'approche, répondez à l'Europe qui vous interroge : Pourquoi vouliez vous que M. le Cardinal de Rohan fût perfuadé des bontés de la Reine? Pourquoi avez vous payé fi chèrement l'impofture qui devoit l'aveugler, fi ce n'eft pour qu'il ne pût douter des ordres que vous lui porteriez en qualité d'intermédiaire? Vous ofez demander comment il a été dupe de cette illufion. Il vous fied bien de vous étonner vous même du fuccès de votre artifice, & d'infulter à la confiance dont vous avez abufé. Il a été dupe, parce que les mots prononcés : *Vous fçavez ce que je veux dire*, ou *J'ai oublié le paffé*, ou tous les deux à-la-fois, ou quelques *paroles femblables*, comme s'exprime la demoifelle d'Oliva, dans fon Mémoire, indiquoient à M. le Cardinal c e qu'i défiroit de croire; il a été dupe, parce que vous aviez préparé fon ame, parce que la fcène n'a duré qu'un moment, parce qu'un mot de bonté qu'on attend, qu'on fouhaite, excite tant de fatisfaction, tant de reconnoiffance & de refpect, qu'il ne laiffe pas même la liberté du doute, parce qu'à moins d'être méchant comme vous, on ne pouvoit pas vous foupçonner d'être capable d'une auffi exécrable noirceur. Il a donc cru; mais c'eft là votre crime : il fut trompé; mais c'eft vous qui avez manœuvré la tromperie; il fut crédule; mais vous êtes un monftre d'ingratitude & d'impofture.

Tout fe lie & s'enchaîne dans les difcours de l'homme vrai : tout eft découfu dans les Romans de l'impofteur. Une grande intrigue ne s'imagine qu'en vue d'un grand intérêt. La dame de la Motte va donc fe prévaloir de l'artifice qu'elle vient d'employer : il faut donc croire M. le Cardinal, lorfqu'il affure que, trompé par le prétexte de foulager des infortunés, à qui l'on affuroit que la Reine s'intéreffoit, il a livré 160,000 liv. à la dame de la Motte en deux fois, au mois d'Août & au mois de Novembre 1784. Il faut le croire ; cependant il ne l'exige pas, puifqu'il prouve. Le Baron de Planta a porté les deux fommes, & il le déclare; le fieur Villette dépofe en avoir connoiffance; un témoin a entendu la dame de la Motte s'applaudir du premier envoi, & dire que la Reine avoit ordonné à M. le Cardinal de lui compter jufqu'à cinquante mille écus. Et là commencent les révolutions dans fa fortune : argenterie, bracelets de brillants, voiture, chevaux, domeftiques, maifon achetée à Bar-fur-Aube, argent envoyé de Paris pour la payer, billets de caiffe vus par les témoins : tout cela fe place du mois d'Août 1784, au mois de Janvier 1785. La dame de la Motte fent qu'elle a befoin d'expliquer tant de richeffes ; & la voilà qui fuppofe un préfent de 10,000 liv. le 23 Août ; puis, à la fin de Novembre, elle crée un autre don de 20,000 liv., lorfque M. le Cardinal fut revenu d'Alface ; encore un don de 15,000 liv. fur les aumônes, à la fin de Décembre, au moment, dit-elle, où M. le Cardinal venoit de la recommander, à Verfailles, à M. le Contrôleur-Général. 15,000 liv. fur les aumônes ! Cela ne s'eft jamais vu, il n'y a pas un feul exemple d'une telle gratification : une aumône, d'ailleurs, quand elle foutient qu'elle étoit déjà enrichie par des préfens immenfes ! Mais elle ne prononcera donc pas un feul mot qui foit conforme à la vérité ! En Novembre, en Décembre, M. le Cardinal étoit à Saverne ; il n'en eft parti que le 4 Janvier 1785, il n'eft arrivé que le lendemain à Paris. Nous en avons la preuve dans trois actes authentiques ; l'un des Vice Dom, Vice Chancelier & Confeillers du Confeil de Régence de l'Evêché de Strasbourg ; l'autre des directeurs & Confeillers de la Chambre-des-Comptes ; le troifieme des Prévôt, Lohners & Magiftrats de la ville de Saverne. Fauffe dans fa vie entiere, fauffe dans toutes fes actions, fauffe dans l'en-femble de fa défenfe, la dame de la Motte eft donc fauffe encore dans chacun des détails ; elle trompe fur les temps, en impofe fur les lieux, fe confond fur les perfonnes ; & chaque mouvement qu'elle fe donne, pour brifer la chaîne dont la vérité l'enveloppe, ne fert qu'à l'enlacer & à l'étrein-dre davantage.

Raffemblons à préfent les preuves directes de la fraude & du vol..

Elle voit les Jouailliers de la Couronne le 29. Décembre

1784, elle voit leur Collier ; elle leur fait concevoir l'efpérance de le vendre, & cependant M. le Cardinal eſt
à cent lieues. Trois femaines après, elle leur affure que la
Reine fouhaite d'acquérir ce Collier , & qu'un grand Seigneur fera chargé d'en traiter pour S. M. Le 24 , elle
fe tranſporte chez eux avec fon mari, à fept heures du matin , & les avertit que ce grand Seigneur va paroître.
Elle peut dire que les témoins qui dépofent de ces faits
font les organes de l'impofture : c'eſt pourtant fur leurs
témoignages qu'elle fera jugée, & fes clameurs ne nous empê-
cheront pas d'avancer. Les Jouailliers lui portent, le 4 Février
l'expreffion de leur gratitude ; déjà ils penfoient, après leur
premiere entrevue, à lui offrir un préfent ; depuis l'affaire
terminée, ils fongent encore à la reconnoiffance qu'ils lui
doivent, & il a même été queſtion de faire un cadeau à
fa femme de chambre. Le fieur Rétaux de Villette, cet
homme, qui jufqu'en 1785 , fans argent, manquant de tout,
fe réfugioit la nuit chez un perruquier, rue du petit-car-
reau, au 4eme étage ; cet homme qui vint en Avril 1785,
s'établir, rue St. Louis au Marais , dans un appartement
de 1,500 liv. ; ce Confident intime qui s'enfermoit fouvent
avec la dame de la Motte , & qu'elle ne quittoit prefque
jamais fans avoir à montrer une ou deux Lettres, qu'elle
difoit venir de la Reine, le fieur de Villette, difons-nous ,
eſt chargé de vendre pour 30 ou 40,000 liv. de Diamans,
dès le mois de Février ; il les porte à un Juif ; le Juif eſt
inquiet, la Police eſt inſtruite ; le fieur de Villette eſt amené
chez un Commiſſaire ; (1) interrogé , il avoue qu'il tient ces
Diamans d'une dame, il le figne , & déclare verbalement

---

(1) Me Gauthier, rue des Lavandieres.

que cette dame eft *la Marquife de la Motte*. Au Mois de Mars, la dame de la Motte fait porter pour 36,000 liv. de Diamans chez le fieur Paris qui les achette. Elle commande pour 12,650 liv. d'argenterie & de Bijoux au fieur Regnier, lui livre 27,540 liv. de Diamans, en Avril, lui en remet enfuite pour plus de 40,000 liv., & le charge de les monter pour elle ; elle lui vend, au mois de Juin, une partie de 16,000 liv. Le 12 Avril, le fieur de la Motte paffe en Angleterre : il va prodiguer à Londres les mêmes fables que la dame de la Motte répandoit à Paris. Il emporte pour environ 400,000 liv. de Diamans démontés ; Interrogé, ce font, dit-il, des Diamans de la fucceffion de fa mère ; interrogé ailleurs, ce font, répond-il, des préfens de la Reine à la Comteffe de la Motte ; ailleurs encore, ce font des marques de reconnoiffance de ceux qu'elle a fervis de fon crédit : les ordres que la Reine veut tranfmettre à M. le Cardinal de Rohan, ajoute-t-il, c'eft fa femme qui en eft chargée. Que fait-il de ces Diamans, il en vend pour plus de 4,0000 liv. & il en laiffe dans les mains du fieur Gray, Jouaillier, pour 60,000 liv. à monter. L'argent, comment l'employe-t-il ? Plus de cent mille francs en profufions de tout genre, Médaillons, étoile à mettre dans les cheveux, Boucles d'oreilles, Bagues de Brillans, perles, montres, Epées, Tabatieres ; plus de 120,000 liv. en une lettre de change fur le fieur Perregaux, qui les lui paye en effèts, convertis depuis en billets de la caiffe. Les Diamans reftés à Londres, comment en difpofe-t-il ? Revenu à Paris, il écrit à l'Abbé Macdermott de les retirer des mains du fieur Gray, & de les lui adreffer *directement à Bar-fur-Aube :* fon ordre n'eft pas exécuté : à la fin du mois d'Août, il fuit en Angleterre, & les reprend lui-même.

Toutes ces richeſſes que deviennent-elles en France ? Sa femme ſe compoſe un ſuperbe écrin que le ſieur Regnier eſtime 100,000 l. Les perles ſont portées à Bar-ſur-Aube ; un mobilier immenſe eſt envoyé en Champagne ; les billets de caiſſes abondent ; lui-même, il ſe montre chargé de bagues, de chaînes de montre ; douze ou quatorze Domeſtiques, des voitures, des chevaux, une oſtentation ſcandaleuſe, dont les intriguans n'ont preſque jamais ſçu ſe priver, même pour un temps, vont frapper d'étonnement dans la Province, tous les yeux accoutumés au ſpectacle de leur miſère. C'eſt le 6 Août qu'ils s'y tranſportent ; la veille 4,000 l. ſont comptées au ſieur Villette, & il fuit. La Providence l'a ramené ſous le bras de la Juſtice, & il avoue qu'il fût témoin de l'horrible repréſentation des jardins & de la gayété inſolente des Machinateurs. Tous les yeux ſont frappés de la reſſem-blance entre le caractère de l'écriture de cet homme, & celui des fauſſes approbations. A Genève, il s'en eſt avoué l'auteur : à Paris, il eſt près de faire l'aveu ; il balbutie ; il pleure ; il a des confidences à porter au Miniſtre ; il retient quelque temps le mot fatal ; mais, auſſi pleinement convaincu que s'il l'avoit prononcé, ſes réticences, ſes héſitations, ſes embarras, ſes contradictions, ſa diſcrétion même, ſem-blent avoir quelque choſe de plus terrible qu'un aveu : en-fin, il ſe rend, & il avoue ; c'eſt lui qui a fait les fauſſes lettres adreſſées à la dame de la Motte ; c'eſt lui qui a fait les faux *approuvés* ; lui qui a fait la fauſſe ſignature ; il n'oſe pas douter que le Collier n'ait été remis à la dame de la Motte.

Nous voilà donc parvenus au terme ; le procès eſt jugé, & il ne nous reſteroit rien à ajouter, ſi nous n'a-vions que l'innocence de M. le Cardinal à prouver, &

ſi ce Mémoire ne devoit pas être en même-temps, & le tableau de ſes malheurs, & l'hiſtoire de cette éclatante affaire.

Que répondoit la dame de la Motte, avant ces derniers éclairciſſemens ?

Vaines explica-
tions de la dame
de la Motte. Les diamans qu'elle avoit fait vendre, c'étoit M. le Cardinal qui les lui avoit confiés, & elle lui en avoit rendu la valeur. La première époque de cette commiſſion fabuleuſe, liſez ſon Mémoire, c'étoit en Mars. Mais Villette avoit préſenté des diamans à vendre, dès le mois de Février. Un autre coupable eût été confondu ; mais, ſuivant elle, tout ce qu'il falloit en conclure, c'eſt qu'elle s'étoit trompée ſur la date, & que M. le Cardinal lui avoit remis des diamans en Février & en Mars ; mais ſoit dans l'un, ſoit dans l'autre mois : avoit-elle des preuves ? aucune : c'étoit une Fable de ſon invention, & l'Impoſture elle-même demandoit qu'on l'a crût ſur ſa parole.

Pour les diamans que le ſieur de la Motte a emportés en Angleterre, M. le Cardinal l'en avoit chargé en préſence du ſieur de Caglioſtro, à la ſuite d'une ſçène d'illuſions. Il ne falloit pas encore ici lui demander des preuves ; elle n'en avoit aucune, & elle retracte elle-même aujourd'hui toutes les imputations qu'elle avoit faites au ſieur de Caglioſtro relativement aux diamans du Collier. M. le Cardinal avoit fait, diſoit-elle encore, écrire en Avril ou en Mai au ſieur de la Motte, de revenir promptement d'Angleterre, & d'apporter des fonds : cela du moins étoit-il prouvé ? Pas d'avantage. Une lettre de Gray, adreſſée au ſieur de la Motte depuis ſon retour en France, elle l'avoit fait voir à M. le Cardinal ; elle avoit pris ſes ordres ſur les diamans reſtés à Londres dans la main de ce Jouaillier : mais les preuves ? Il n'y en avoit pas plus que

ſur

fur tout le refte. Elle avoit montré à M. le Cardinal , les effets remis par le fieur Perregaux , en payement de la lettre tirée de Londres, & M. le Cardinal l'avoit chargée de les convertir en billets de la caiffe : mais il falloit encore ici la difpenfer de la preuve. Enfin , elle avoit remis à M. le Cardinal & les billets de caiffe & les 60,000 liv. de diamans montés, que fon mari avoit rapportés d'Angleterre. Mais on retrouvoit ces diamans dans la main de la dame de la Motte ; c'eft, difoit-elle, que M. le Cardinal , qu'elle repréfentoit comme fi preffé de la rentrée des fonds en Avril & en Mai , lui avoit pourtant fait préfent de ces pierreries fucceffivement, à commencer du 29 Mai : mais le 29 Mai le fieur de la Motte n'étoit pas encore de retour d'Angleterre , & le 29 Mai M. le Cardinal étoit à Saverne : d'ailleurs la dame de la Motte , qui s'étoit fi bien fouvenue de parler d'un don imaginaire de 13,000 liv. , d'un préfent fabuleux de 15,000, avoit donc oublié, par malheur , cette générofité de 60,000 liv. lorfqu'elle avoit publié fon Mémoire.

Pouvoit-on exiger au refte, qu'elle appuyât fur des preuves, la fable qu'elle avoit imaginée, faite, refaite, corrigée, depuis le commencement du Procès ? Cette Fable fe réduifoit à un mot : elle avoit rendu, difoit-elle, la valeur de tous les diamans qui ont paffé dans fes mains : le contraire n'étoit-il pas démontré de toutes les manières poffibles ? Ce n'étoit pas pour M. le Cardinal , que le fieur de la Motte avoit acheté , du prix de fes diamans, à Londres, des épées d'acier de 145 louis, plus de 50,000 francs de perles , des bracelets , une étoile à mettre dans les cheveux, & des boucles d'oreilles : ce n'étoit pas pour lui qu'étoient deftinés ces diamans à monter, que le fieur de la Motte, vouloit que fon ami lui

Q

renvoyât de Londres , *directement à Bar-Sur-Aube* , & qu'il a couru reprendre au mois d'Août en Angleterre : Et ces billets de caiffe qu'on a vûs chez la dame de la Motte,& cet écrin de 100,000 francs , & ces meubles précieux envoyés en Champagne, & ces voitures à fix chevaux, & cette nombreufe livrée , ces bagues , ces chaines de montres, tout cela étoit-il deftiné à M. le Cardinal? étoit ce avec des fonds rendus à M. le Cardinal , que s'étoient formées tant de richeffes accumulées entre leurs mains ?

Récapitulation des Faits de l'affaire.

Mais qu'elle eft donc cette femme, qui depuis l'acquifition du Collier, vendoit, faifoit vendre, débitoit par tout des diamans, & devenoit tout à coup fi opulente ? C'eft la même qui a négocié cette acquifition, en l'abfence de M. le Cardinal; qui a menti aux Jouailliers, en fuppofant un défir de la Reine, qu'elle favoit être imaginaire; la même qui a fufcité un fantôme dans les jardins de Verfailles, pour fafciner les yeux de M. le Cardinal , & le remplir d'une confiance aveugle; la même qui a nié tant de fois cette repréfentation , & dont enfuite la langue embaraffée dans fon menfonge, a bégayé que *c'étoit pour rire ;* la même qui, à la fuite de cette Scène éxécrable, s'eft fait remettre, bien férieufement par M. le Cardinal, une fomme de 160,000 liv.; la même qui parloit toujours de faveur à la Cour, & qui n'en avoit aucune; qui fe vantoit des bontés de la Reine, & qui n'approchoit jamais de cette augufte Princeffe; qui ne ceffoit de tirer de fon porte-feuille des lettres fabriquées ; la même dont le mari alloit répandre en Angleterre ces impudentes fictions ; la même dont toutes les paroles font des impoftures, qui place M. le Cardinal , & le fieur de Caglioftro à Paris , pendant que l'un étoit à Saverne , & que l'autre étoit à Lyon ; qui fait du fieur Perregaux le ban-

quier de M. le Cardinal, tandis qu'ils ne se connoissent pas ;
qui articule des libéralités immenses des Princes & des Mi-
nistres, dont elle n'a reçu que quelques charités ; qui con-
vertit en preuves de richesse, ce qui n'étoit alors que la
preuve de sa misère ; qui dit avoir prêté, à la fin de Juillet,
30,000 liv. à une dame, qu'elle n'a vûe qu'une fois, en la
rencontrant par hazard chez la Baronne de Crussol ; qui se
parjure, en niant la scene de la demoiselle d'Oliva, qu'elle
est forcée d'avouer ensuite ; qui se parjure, en soutenant qu'elle
a vû une dame de Courville chez M. le Cardinal, & qui
confesse après que c'est un mensonge dont elle avoit aidé
d'Etienville ; qui se contredit sur les dates, qui se contredit
sur les faits, & sur les circonstances de chaque fait. C'est la
même femme qui eut à ses ordres, un autre agent d'intrigue,
dont la pauvreté & l'aisance ont suivi les progrès de sa propre destinée ; la même qui s'enfermoit avec lui, pour écrire
& pour remplir son porte-feuille de papiers frauduleux qu'elle
prodiguoit de tous côtés ; la même qui a repoussé loin d'elle,
au moment décisifs, ce confident auteur de tant de faux , &
qui vient de frémir en le voyant reparoître. C'est la même qui
pauvre à la fois & vaine , avide en même-temps & prodi-
gue , intriguoit , s'endettoit , assiégeoit les Bureaux , solici-
toit , demandoit avec l'importunité de la misère , & l'intrépidité de l'orgueil ; la même qui , toujours placée entre les
tentations de l'indigence , & les projets de l'ambition , avoit
pris la bassesse des pauvres & les travers des riches, & qui
s'étoit enfin formé ce caractère mixte & dépravé , dans le
quel se rassemblent & s'expliquent, de faux airs à la Cour,
à Paris des querelles & des batteries, des valets & point de
table, des habits & point de linge, un faste sans dignité &
une mendicité sans pudeur. C'est la même dont la maison

Q ij

eſt un foyer d'intrigues, où naiſſent & ſe développent, d'où l'on jette au hazard dans le monde des germes de calomnie: c'eſt l'à qu'un agent ténébreux, un miſérable proxénéte, un malheureux d'Etienville vient prendre ſes inſtructions, concerter ſes artifices, préparer ſes menſonges; c'eſt de ce même foyer que ſort & va s'étendre au loin, comme une vapeur empoiſonnée, le roman d'un mariage imaginaire, d'une dot idéale, de diamans fabuleux; roman où tout eſt fanta-ſtique, juſques aux lieux, aux noms, & aux perſonnes; roman qu'elle ſoutient long-temps de ſes fables, & qu'elle abandonne enſuite, en avouant ſes calomnies; roman, enfin, qui n'a de réel que le bruit qu'il excite, & la ſcélérateſſe qui a ſongé à le répandre. Que manquoit-il à ce tableau? Que manquoit-il à ces preuves? De voir ce qu'on fait, de toucher ce qu'on voit, de ſaiſir avec les mains, le corps même du crime, dont tous les eſprits ſont convaincus. Eh bien! on tient le ſieur Villette. Son écriture eſt la même que celle des fauſſes approbations. Il n'avoue pas d'abord, il balbutie tantôt de vaines excuſes, tantôt des paroles privées de ſens, & enfin il confeſſe tout ſon crime; & le fabricateur convaincu par mille preuves, eſt encore convaincu par ſa propre bouche.

Mettons à côté de ces faits M. le Cardinal traitant avec les Jouailliers, ſans nommer la Reine, la nommant ſans intérêt, lorſqu'il a dans ſes mains les diamans; écrivant, pour la premiere fois ce nom reſpectable, lorſqu'il poſſéde le collier, envoyant ſon Valet-de-Chambre, pour voir ſi la Reine le porte, preſſant les Jouailliers de lui faire leurs remerciemens; leur reprochant ſans ceſſe leur négligence; les forçant d'écrire, puiſqu'ils ne parlent pas; employant un ſoin religieux à la conſervation de l'Ecrit faux, qu'il croit ſincere; le déférant au Roi, le lui faiſant remettre comme

la premiere, comme la plus simple, comme la plus forte
des preuves de sa droiture.

L'objet des Lettres-Patentes n'est-il donc pas rempli?
L'auteur, les complices des délits commis dans l'acquisition
du collier, ne sont-ils pas connus? La bonne-foi de M. le
Cardinal est aussi évidente que leur fraude. Le soupçon d'un partage dans les profits, hazardé par des coupables aux abois, s'éva-
nouit comme un rêve de la calomnie. Le crime enfin est décou-
vert tout entier, & l'innocence toute entière est justifiée.

Mais il falloit que la candeur reçut des hommages, de
la bouche même des coupables. La dame de la Motte n'avoit
jamais eu la hardiesse d'accuser M. le Cardinal de Rohan
du projet de feindre, d'employer de faux ordres, de commander des faux, pour s'emparer du collier des sieurs Boehmer
& Bassange. Qu'on ne le croye pas; non; pour en venir
jusques-là sa méchanceté n'avoit pas suffi; je ne sais quoi
l'arrêtoit, soit une lueur de bon sens, soit un rayon mou-
rant de vérité dans quelque repli de son ame, peut-être
un reste de timidité qui se cache dans l'audace du crime:
elle n'avoit jamais vû dans M. le Cardinal qu'un homme
abusé par la fraude. Toujours c'étoit une voix perfide, qui
lui avoit porté des ordres qu'il avoit crû vrais : toujours
une main infidéle lui avoit remis de fausses écritures, qu'il
avoit reçues commes sinceres. Elle disoit avoir été choisie
par lui, pour confidente de ses inquiétudes, dans les derniers tems; c'étoit elle-même qui l'avoit engagé à chercher
des pieces de comparaison pour s'éclairer : en un mot, il
avoit été trompé; & c'est un homme trompé, que le sieur
Villette, atteint & convaincu du faux, a osé, sans apporter
un seul indice, soupçonner follement d'avoir été complice
de la tromperie qu'on lui a faite à lui-même. Un sentiment
profond, une force invincible arrachoient au contraire un

hommage forcé, du fond même du cœur de la dame de la Motte : elle justifie aujourd'hui les sieur & dame de Caglioftro ; elle déclare dans ses confrontations qu'elle ne leur impute aucun délit relatif au collier. Mais, dans tout le cours du procès, elle jugeoit moins difficile de rejetter son attentat fur la dame de Caglioftro , quoiqu'elle ne fut pas atteinte du plus léger foupçon, que de le faire retomber fur M. le Cardinal de Rohan. Tant l'innocence porte un caractère qui imprime la crainte aux ames dépravées! tant le crime s'abftient de franchir certaines bornes, dans fes plus grandes témérités!

Aussi que devient la dame de la Motte dans les derniers actes de la procédure ? Accablée fous le poids des preuves, démentie par elle-même aussi souvent que par les charges, balancée, s'il eft permis de le dire, entre le ton d'audace qu'elle s'efforce de soutenir, & les larmes qui la suffoquent, elle veut nier, & souvent elle avoue ; elle veut paroître courageuse, & souvent elle pleure ; elle veut se montrer tranquille, & souvent elle s'écrie qu'elle eft perdue ; des mots obfcurs, des demi-délations, des réticences myftérieuses, des confidences qu'elle réferve à l'autorité, font la derniere enveloppe du mot fatal prêt fans cesse à lui échapper. Telle a été fa déplorable deftinée, fur-tout dans les derniers assauts des confrontations ; image affreuse du crime abattu ! derniere convulfion de la calomnie, qui s'épuife de laffitude, & qui fe débat à peine fous les coups de la vérité !

Puifque Villette eft l'écrivain des fausses approbations, & que la dame de la Motte eft l'auteur de la fraude dont elle a recueilli tous les fruits, il n'y a pas un seul mot de fa défenfe qui n'ait été une fable. Quelle eft donc la trempe d'une ame, qui a pu soutenir fi long-tems ce fyftême, &,

ſi l'on oſe le dire, cette vie de calomnies & de menſonges ?

Il eſt faux que M. le Cardinal lui ait appris pour la premiere fois, le 2 Août, qu'il eût été trompé dans la négociation du collier ; il eſt faux qu'il ait jamais ni ſoupçonné, ni cru devoir juſtifier la dame de Caglioſtro ; il eſt faux qu'il ait forcé la dame de la Motte à prendre un aſyle dans ſon Hôtel, & qu'il l'ait preſſée de fuir au-delà Rhin.

Voici au contraire, voici les faits qui ſe rallient à tout l'enſemble du procès : ceux-ci ſont prouvés & démentent toutes les fables, que la dame de la Motte n'avoit garanties que ſous la foi due à tant d'impoſtures. Les preuves autoriſent M. le Cardinal à lui dire. Vous trembliez vous-même, à l'approche de la première échéance des payemens promis aux Jouailliers. Que ſignifie ce trouble de votre maiſon, ces agitations du 27 Juillet, où vous ſortez précipitamment de chez vous, où vous ne revenez ni dîner, ni ſouper, ni coucher ; où vous vous refugiez chez des amis, & voyagez pendant la nuit ? Que ſignifient & ces démarches chez Me Minguet, Notaire, pour trouver de l'argent, & ces diamans que vous lui avez donnés en gage, & ce menſonge que vous faites aujourd'hui ſur une dame reſpectable, à qui vous n'avez jamais rien prêté ? que ſont devenues les 35,000 l. que votre Notaire vous a confiées ſur le nantiſſement de votre écrin ? Créez, inventez des fables ; mais tout le monde jugera, que c'eſt là qu'ont été priſes les 30,000 liv. remiſes à M. le Cardinal, pour perpétuer ſon erreur, en lui fourniſſant de quoi payer les intérêts aux Jouailliers. Que ſignifie encore cette démarche ordonnée à votre femme-de-chambre, exécutée le 3 Août, déclarée, avouée par elle-même dans le procès ? pourquoi vient-elle, pourquoi inſiſte-t-elle pour entrer ? pourquoi ſupplie-t-elle M. le Car-

Troubles de la dame de la Motte: aſile demandé par elle.

dinal de se rendre à l'instant rue neuve Saint-Gilles ? pourquoi la porte de son hôtel étoit-elle fermée à vos messages comme à tous les autres ? Pourquoi n'alloit-il pas de lui-même vous parler, s'il étoit inquiet ? Et pourquoi le pressiez vous de venir, si vous ne l'etiez pas ? Il se prête à vos desirs ; il va vous parler, vous conferez ensemble ; & quel est le résultat de cette conférence ? Le soir même vous sortez avec votre femme de chambre, vers le milieu de la nuit ; le tremblement se montre dans tous vos pas ; les ténébres ne suffisent point pout vous rassurer contre les regards ; vous craignez jusqu'à la chandelle de votre Portier ; vous ne passerez que lorsque tout le monde sera sorti de la loge, & quand la lumière sera éteinte ; le capuchon de vos mantelets vous couvrira le visage à l'une & à l'autre ; & c'est ainsi que vous parcourrez mystérieusement dans l'ombre, la solitude de cette partie de Boulevard, qui vous conduit à l'hôtel de M. le Cardinal, où vous allez prendre un refuge : & vous prétendrez encore que ce n'est pas vous qui l'avez demandé, ce refuge ! vous prétendrez qu'on vous y a tenu en chartre privée, tandis que votre mari en est sorti quand il l'a voulu, y est rentré librement, vous en a tiré de même.

Voici nos résultats à nous ; mais ils sont fondés sur des preuves : coupable de la fraude, instigatrice des faux, coupable du vol, vous avez senti les inquiétudes que devoit vous donner la première échéance ; pour trouver au moins l'argent des intérêts, vous-vous êtes intriguée ; vous n'avez pas vu, sans crainte, approcher l'époque des éclaircissemens ; &, par un trait de génie, vous avez cherché à mettre en sureté votre repos, & cette fortune coupable, qui vous avoit coûté tant de soins,

Il y a presque lieu de s'étonner, que vous n'ayez pas mis plus de simplicité dans le dénouement. Sans un reste de préjugé, qui nuit souvent aux grandes choses, dans le crime, comme dans la vertu, il étoit digne de vous de venir trouver M. le Cardinal, & de lui dire : Ecoutez-moi : vous croyez avoir acheté un Collier pour la Reine, vous croyez que ce Collier est dans ses mains ; c'est dans les miennes, que les diamans sont restés, ou plutôt, le prix en est dans ma fortune. Vous avez cru voir & entendre la Reine dans les jardins, vous donner des marques précieuses de sa bonté ; ce n'étoit point elle ; vous avez été abusé par un jeu que je dirigeois ; les 160,000 liv., que je vous ai fait demander pour des personnes à qui s'intéressoit la Reine, c'étoit pour moi encore ; le desir de la Reine, les ordres d'acquérir le Collier, tout cela est imaginaire ; les approbations en marge de votre traité, sont fausses, ainsi que la signature ; calmez-vous, écoutez-moi, dis-je, la colère n'est bonne à rien, & vous n'eutes jamais un plus grand besoin de tout votre sang-froid ; je vous ai volé, mais que ferez-vous ? la négociation a été consommée par vous-même ; vous êtes donc le débiteur des Jouailliers ; si vous me dénoncez, je nie tout, & je vous renvoie le crime : j'ai pris des mesures pour établir mes vraisemblances , & quelque puisse être l'événement, songez bien qu'il ne vous sera jamais agréable d'avoir été ma dupe ; que vous plaît-il donc de faire de moi ? je vous laisse le temps d'y rêver , & je pars demain pour Bar-sur-Aube. . . . M. le Cardinal auroit payé, & gardé le silence.

La manière a été moins tranchante ; mais le but étoit le même , & la dame de la Motte se flattoit que l'effet ne seroit pas différent ; elle vient dire à M. le Cardinal, qu’on l’accuse d’indiscrétion & de jactance, elle feint de trembler pour sa sureté ; elle se persuade, dit-elle, que si elle sort de Paris, on lui permettra de rester tranquille ; mais elle veut se cacher jusqu’à son départ, elle implore l’asyle de l’hôtel. Dans son mémoire, elle disoit ne l’avoir pas demandé ; dans ses confrontations, n’est-ce pas en convenir, lorsqu’elle attribue cette démarche aux terreurs, que M. le Cardinal étoit parvenu à lui inspirer ? mais qu’elle le nie ou qu’elle l’avoue, ses instances sont prouvées. Cette bonté de M. le Cardinal est un nouveau lien, qu’elle a tissu, pour mieux l’attacher à son sort ; elle ajoute encore par là, à la confusion qu’elle croit avoir déjà mise dans des intérêts, en apparence, aussi opposés que les leurs : sa victime lui paroit un défenseur, que son habileté vient de lui faire. Elle part le 6 Août ; mais, deux jours auparavant, pour hâter la conclusion, elle avertit le sieur Bassange que tout est faux, & le renvoie à M. le Cardinal, en lui faisant remarquer qu’il est en état de payer. Elle part, & l’on conçoit que, si la prudence lui conseilloit d’éloigner Villette, la sagesse lui défendoit de fuir elle-même au loin ; elle devoit se poser, s’arrêter, se montrer, comme elle l’a fait, à Bar-sur-Aube. L’aveuglement de M. le Cardinal étoit encore tel, que les avis du sieur Bassange ne lui ouvrirent pas les yeux ; & les plans que la dame de la Motte s’étoit formés, n’ont pu avoir leur exécution, avant que le coup fatal ait été frappé.

Conclusion.

L’unique délit dont la connoissance est renvoyée à la Cour, est donc parfaitement éclairci. L’innocence de M. le Cardinal est toute entière dans le moment de la négociation. Il a cru traiter pour la Reine, c’est pour la Reine qu’il a remis le collier : il a été persuadé que ce collier avoit passé dans les mains de la Reine. De ce moment, le crime tout entier & fans partage , fe fixe auffi fur la tête des auteurs de la fraude : trompeurs, ils ne peuvent devenir innocents; trompé, **M.** le Cardinal de Rohan ne peut ni être coupable, ni le devenir; leur état ne peut plus changer; leur deftinée eft irrévocable, & le procès eft jugé fans retour.

Plus tôt défabufé, **M.** le Cardinal auroit pu fe reffaifir au moins de quelques débris du collier, mais l'affaire reftoit la même, fur l'innocence & fur le crime; aveuglé plus long-temps, il eft plus malheureux & auffi pur, les machinateurs n'en font que plus odieux & plus puniffables.

Sans doute, vers les derniers temps, les rayons qui pénétroient dans cette nuit d'intrigues, lui montroient un demi-jour affreux; & tout ce qui confirmoit fon aveuglement prenoit, au contraire, à fes yeux, le précieux caractère de la vérité. Depuis la lettre qu'il avoit fait écrire par les Jouailliers le 12 Juillet, & qui démontre en lui tant de fimplicité & de candeur, la cataftrophe, en s'approchant, lui envoyoit comme des précurfeurs qui troubloient fa tranquillité. Qu'il ait alors fenti le befoin de s'attacher plus fermement à fon erreur, qu'il fe foit éloigné par inftinct des lueurs qui, en éclairant la fraude, lui euffent fait entrevoir un abyme de douleurs pour lui-même, que tous les faits qui pouvoient juftifier, appuyer fa confiance, l'ayent enfoncé plus avant dans une illufion néceffaire à fon repos, que par un mouvement irréfléchi, invincible, il ait travaillé à redoubler d'affurance avec lui-même & avec les autres, parce qu'il trembloit de douter; c'eft-là le cœur humain, c'eft-là l'effet fimple d'une longue erreur, quand la vérité eft terrible. Eh ! ces agitations douloureufes dans une ame droite & pure, loin d'ébranler les preuves ac-

quifes de fon innocence, en font, peut-être, le plus touchant caractère.

Parcourons les faits des derniers temps. Qu'une femme-
de-chambre de la Reine, par exemple, paffe pour avoir
dit que S. M. ne fçait ce que la lettre du 12 Juillet fignifie,
M. le Cardinal eft agité ; mais il ne l'a pas entendu parler lui-
même, & il doute ; peut-être la femme-de-chambre eft-elle
mal inftruite, & il fe laiffe aller à cette idée raffurante ; peut-
être des raifons qu'il ignore, impofent-elles le fecret, & il
le recommande aux Jouailliers ; il demeure encore tellement convaincu que la Reine poffède le collier, qu'il ne
doute pas que le payement ne s'exécute au premier Octobre, comme la dame de la Motte l'avoit annoncé ; il fe
perfuade que, puifque le fieur de Saint-James accordera du
temps aux Jouailliers, pour les fommes qui lui font dûes,
tout eft arrangé POUR LE PRÉSENT ET LE FUTUR. Voilà
les idées dont M. le Cardinal fe rend compte à lui-même
dans une note qu'on a trouvée fous les fcellés ; il ne les écrit
pas lui-même ; mais, fimple comme l'innocence, & naïf
comme la candeur, il les dicte à un Valet-de-chambre, en
fubftituant aux noms, des lettres initiales ; & c'eft ainfi qu'il
nous fait voir, fans y fonger, que l'état de fon ame étoit
alors tel que nous l'avons peint, & tel qu'il devoit être
dans ces moments difficiles.

Si le trouble momentané que cette nouvelle avoit excité en
lui, le porte à fe procurer de l'écriture de la Reine ; s'il eft
frappé de la différence entre le caractère & celui des fauffes approbations, peu après il voit la dame de la Motte,
il la voit tranquille & affurée. Elle jure ce qu'il avoit en-
vie, ce qu'il avoit befoin de croire, que les ordres ont été
donnés par la Reine, que le Collier eft dans les mains de

la Reine. Doute-t-il néanmoins encore ? Cette femme toujours pauvre à ſes yeux , toujours nourrie de ſes bienfaits, même en 1785, va lui remettre demain 30,000 liv. de la part de la Reine pour le payement des intérêts ; elle lui apporte en effet cette ſomme ; il en conclut que ſes yeux ont été trompés, dans la comparaiſon des caractères : ſon ame, qui ne demandoit qu'à ſe raſſurer , qui ne cherchoit que la paix, qui devoit être ſi facile ſur les preuves, à qui il en auroit fallu moins encore , trouve que celle-ci eſt tranchante. Il ſe repoſe des fatigues que lui cauſoit le ſoupçon ; le voilà replongé dans ſa première erreur, & les 30,000 liv. ſont payées aux Jouailliers au nom de la Reine.

Hommes froids. qui peſez dans la balance d'un jugement raſſis, qui calculez méthodiquement & les erreurs & les foibleſſes, non, vous n'en ſerez jamais de juſtes appréciateurs. Tachez de ſentir le vif intérêt de M. le Cardinal, à repouſſer loin de lui tous les doutes, l'horreur du tourment qu'il éprouvoit, quand on eſſayoit d'ébranler ſa confiance, vous concevrez alors le ton affirmatif qu'il a du prendre, pour aſſurer qu'il n'avoit point été trompé. Il remarque dans la dame de la Motte, une affectation que lui donne le ſoupçon de quelque intrigue ; il le dit au ſieur de Caglioſtro. Celui-ci croit qu'il eſt inſtruit d'une fraude commiſe contre lui dans l'affaire du collier , & lui conſeille de dénoncer la coupable. M. le Cardinal qui eſt encore perſuadé que la dame de la Motte eſt innocente à cet egard, loin de ſe prêter à cette idée, réſiſte à un Conſeil qui bleſſeroit la Juſtice, conſeil que M. le Cardinal auroit à peine eu la force de ſuivre, quand il auroit été perſuadé du crime. Dans ce cas, le parti qu'il eût pris, auroit été ſans doute d'étouffer l'affaire en payant, & non de lui donner le funeſte éclat qui auroit ſuivi une dénonciation.

Le fieur Baſſange averti, à l'inſçu de M. le Cardinal, par la dame de la Motte, vient lui dire, le 4 Août : *Votre intermédiaire ne nous trompe-t-il pas tous les deux ?* Concluons de-là d'abord, que les Jouailliers fçavoient bien que M. le Cardinal ne traitoit que par la voie d'une tierce perſonne : ils avoient en effet négocié avec elle, avant de lui parler à lui-même : il leur avoit dit, en Juillet, que ſa lettre ne parviendroit que par la main d'un tiers; & ce langage ne les avoit pas étonnés. Ils le fçavoient donc; mais, à ce mot du fieur Baſſange, M. le Cardinal, ſans admettre aucun doute, ſe ſent importuné d'une idée affreuſe : il l'éloigne de toutes les forces que lui prêtoit ſon erreur; il ſe recueille; il raſſemble dans ſon eſprit tout ce qui peut aſſurer ſa confiance; il affirme que la Reine a le Collier, qu'il en eſt ſûr, autant que s'il avoit traité directement avec elle. Le fieur Baſſange prétend, il eſt vrai, que M. le Cardinal a été plus loin, qu'il a dit, qu'il a affirmé avoir traité directement; qu'il a recommandé le ſecret; qu'il a menacé de nier, ſi Baſſange parloit; fait bien extraordinaire, qui ne ſe trouve ni dans les mémoires des Jouailliers, voiſins de l'époque de cette conférence, ni dans leurs converſations, ni dans leur déclaration miniſtérielle, ni dans leur dépoſition judiciaire ; fait contraire à la vérité; fait que M. le Cardinal nie, & que le fieur Baſſange déclare ſeul.

Mais quoi? S'il étoit vrai que, pour diſſiper les doutes inquiétants du Jouaillier, & pour ſe raſſurer lui même, M. le Cardinal de Rohan, encore plongé dans les mêmes illuſions, ſe fût dit : La dame de la Motte ne m'a pas ſeulement parlé des ordres de la Reine, mais elle m'a montré des lettres ; ces lettres étoient deſtinées à m'inſtruire des volontés dont l'exécution m'étoit confiée ; ſans être à mon adreſſe, elles étoient écrites pour moi ; n'ai-je pas moi-même entendu dans les jardius, par la médiation de la dame de la Motte, une parole qui devjent à mes yeux la garantie perſonnelle & directe, de tous les ordres tranſmis par la même voie ? Si ces réflexions, ſecondées de tout le déſir que M. le Cardinal devoit avoir alors de les trouver déciſives, avoient fait une profonde impreſſion ſur ſon ame agitée, ſi elles avoient entraîné ſa conviction, & ſi le mot que le ſieur Raſſange dit avoir entendu, étoit échappé dans ce moment de tumulte, la bonne-foi de M. le Cardinal ne ſeroit-elle pas évidente, la préciſion ſur laquelle on voudroit meſurer aujourd'hui une de ſes paroles, ne ſeroit-elle pas d'une rigueur déplacée, & ne ſeroit-ce pas, dans toutes les hypo-théſes, ſur la dame de la Motte qu'il faudroit punir une nuance d'expreſſions, dont ſes crimes ſeuls auroient été la cauſe.

Quant au ſieur de Saint-James, qui prétend que M. le Cardinal lui a dit qu'il avoit vû dans les mains de la Reine 700,000 liv., dont il n'avoit pas voulu ſe charger pour le payement des Jouailliers, l'erreur eſt ſi évidente, qu'il eſt impoſſible qu'elle faſſe la moindre impreſſion : refuſer de recevoir 700,000 liv. pour payer une négociation qu'on a été chargé de faire, ce ſeroit une inconcevable abſurdité ; le dire, quoique cela ne fût pas vrai, ce ſeroit un menſonge ſans intérêt, & plus déraiſonnable encore, ſi l'on ſuppoſe que M. le Cardinal déſiroit que le ſieur de Saint-James, avançât le prix du Collier pour la Reine. Cette dernière idée, il ne l'a pas même inſinuée au ſieur de Saint-James; celui-ci a été obligé d'en convenir. Mais nous demanderons toujours pourquoi cette fable ? Il faut néceſſairement y chercher une explication; elle eſt dans un mal-entendu. M. le Cardinal a pu dire au ſieur de Saint-James, qu'*il avoit vû écrit de la*

main de la Reine qu'elle avoit 700,000 liv. & ces mots, fi femblables à ceux-ci : *J'ai vû* 700,000 liv. *dans la main de la
Reine*, ces mots prononcés, à voix baſſe, dans une converſation legère & mal ſaiſie, ces mots pourtant ont pu, en
égarant la mémoire du témoin, laiſſer dans ſon eſprit les
traces qui, ſix & huit mois après, ſe ſont retrouvées dans
ſon ſouvenir.

Objet unique & définitif du pro-cès.

Mais ſur quoi les Magiſtrats ont-ils à prononcer ? Sur le
Procès renvoyé à leur déciſion par les Lettres-Patentes, le
faux employé dans la négociation du Collier, la tromperie
dont M. le Cardinal de Rohan a été la victime. Ce ſont
là les deux points dont le Roi confie la pourſuite & le
jugement à la Cour. Ce ſont *les Auteurs & les Complices
de cet attentat* qui ſont l'unique objet de la Procédure. Ils
ſont connus ; ils ſont convaincus, ils ſont confondus par leurs
propres aveux : les preuves ſe ſont élevées ſucceſſivement
juſqu'au dégré où nous les voyons aujourd'hui.

Etat de M. le Cardinal au com-mencement du procès.

M. le Cardinal de Rohan étoit innocent, comme il l'eſt
encore, lorſque la Loi de l'honneur lui fit accepter un Jugement légal ; mais, ſi de la poſition où il eſt parvenu, il
reporte ſes regards en arrière, ce n'eſt pas ſans frémir des
dangers auxquels l'expoſoit alors ſon courage. Soupçonné
par le Roi, environné de nuages, il entendoit le cri de
ſon cœur & celui de la vérité ; mais ſes preuves, où étoient-
elles ? La dame de la Motte étoit captive avec lui ; mais
ſur des faits qui s'étoient paſſés entr'eux deux, il auroit affirmé, elle auroit nié ; & l'opinion générale auroit donc
pû demeurer ſuſpendue ; cette idée étoit plus affreuſe que
la mort : l'invraiſemblance du crime dont il étoit accuſé,
ſa conduite ſoutenue, ſon ſilence ſur le nom de la Reine
juſqu'après l'acquiſition du Collier conſommée, la franchiſe

avec

avec laquelle il avoit prononcé ce Nom augufte , auffi-tôt après avoir reçu les diamans, la lettre qu'il avoit écrite alors aux Jouailliers ; l'invitation preffante qu'il leur avoit faite le fur-lendemain de porter leurs remercîmens à la Reine , la lettre qu'il leur avoit fait écrire en Juillet ; le foin religieux de garder l'Ecrit faux, comme une piéce vraie & refpectable. Voilà ce qu'il auroit prouvé. Mais la preuve directe du crime contre celle qui l'avoit trompé, pouvoit-il efpérer de l'acquérir toute entière ?

Il n'avoit pas même le fecours des contradictions qui échappent entre deux coupables ; la dame de la Motte étoit feule, & fon mari n'étoit point arrêté ; la fcene des Jardins, la dame de la Motte l'auroit niée, comme on voit qu'elle l'a fait encore, & dans fon Mémoire, & jufques dans les confrontations. Qui pouvoit concevoir l'efpérance, que la demoifelle d'Oliva reftée plus d'un mois à Paris, depuis l'éclat de cette affaire, feroit, deux mois après, arrêtée en pays Etranger, & conduite à la Baftille ? Cette faveur du Ciel, pouvoit-on raifonnablement l'attendre ? & , fans la préfence de la demoifelle d'Oliva, la coupable auroit-elle été forcée d'avouer fes parjures, & de confeffer enfin la vérité, après l'avoir niée tant de fois ? L'Inftruction ne femble-t-elle pas avoir lentement parcouru toutes les nuances infenfibles qui féparent les premieres préfomptions de la dernière évidence ? On auroit vu la dame de la Motte vendre, faire vendre, débiter en détail une quantité immenfe de diamans ; mais c'eft un témoin arrivé tout récemment d'Angleterre, qui nous apprend qu'à Londres, le fieur de la Motte répétoit les mêmes fables dont fa femme abufoit à Paris ; qu'il y parloit de fon crédit imaginaire, de ces préfens chimériques de la Reine, de ces faux ordres donnés ou confiés à la dame de la Motte.   S

Le roman de d'Etienville eſt venu dans le Procès : il a excité l'indignation publique ; mais ce n'eſt qu'aux derniers inſtants, que la dame de la Motte a été réduite à confeſſer, après vingt affirmations contraires, qu'elle n'avoit connu, ni ce fantôme de la dame de Courville, évanoui pour jamais, ni tous les autres acteurs de cette ſcène idéale. Et le ſieur Rétaux de Villette, il étoit parti ; la dame de la Motte l'avoit fait diſparoître, où le retrouver ? Graces ſoient encore rendues à la Juſtice ſuprême, qui veille pour les innocens, & qui ramène les coupables, avec lenteur, au châtiment qu'ils avoient fui. Cet homme nous eſt rendu ; & il force la dame de la Motte de s'avouer l'auteur de la ſcène des Jardins, qu'il a vüe. C'eſt ſa main qui a tracé les caractères des faux approuvés & de la fauſſe ſignature ; il le déclare quand on l'arrête, puis il le nie, lorſqu'on l'interroge, puis il balbutie, chancéle & enfin il confeſſe tout ſon crime, déjà évident par la comparaiſon des écritures, & conſtaté depuis par le jugement des experts. C'eſt encore par lui qu'ont été écrites ces lettres qui ont livré M. le Cardinal à une erreur ſi longuement expiée : c'eſt lui qui le premier à vendu les Diamans détachés du Collier que M. le Cardinal a remis à la dame de la Motte.

Tel eſt l'état actuel du procès. Mais qui pourroit penſer, ſans émotion, aux ſentimens dont M. le Cardinal dévoit être agité, lorſqu'en attendant les preuves, il s'avançoit ; accompagné de ſa conſcience & de la Juſtice éternelle, dans la terrible carrière d'un procès, qui alloit décider de ſa deſtinée ? C'eſt à préſent que vous prononcez ſon abſolution, vous tous qui dans l'Europe avez les yeux ouverts ſur ce procès trop fameux : mais, c'eſt alors que placé entre le témoignage de ſon cœur & les erreurs póſſibles de l'opinion, il demandoit juſtice, en éprouvant le tourment affreux de la crainte, au milieu de toutes les conſolations de l'innocence.

Quelle ame aſſez ſenſible, quelle ame aſſez tendre, aſſez clairvoyante ſur les infortunes des autres, pourra donc ſonder ſes plaies & pénétrer dans toute la profondeur de ſes peines ! Tâchez de ne vous pas laiſſer attendrir ſur ſa captivité ſi longue ; non, ce n'eſt point ici un malheur ordinaire ; gardez votre ſenſibilité pour de plus grandes infortunes : ſi vous aviez pû obſerver, comme nous, ce mêlange de calme & d'altération, de triſteſſe & de ſérénité, cette profonde & vénérable empreinte de l'innocence affligée, & cette conſcience pure, ſous le nuage de la douleur, c'eſt alors que vous pourriez commencer à prendre une légere idée des maux qu'il a ſoufferts.

Depuis le jour dont la mémoire ne s'effacera point, tous les momens de ſa vie n'ont été remplis que de penſées déchirantes : ſuſpect au Roi, accablé de ſa diſgrace, pourſuivi par l'affreuſe idée d'avoir pu déplaire à la Reine, accuſé, décrété, interrogé ſur les plus viles imputations ; défendu par les preuves morales, défendu par les caracteres ineffçables de ſa bonne-foi, mais appellant par des vœux redoublés les preuves directes de la fraude, oſant à peine eſpérer alors celles que la Providence lui a rendues depuis ; ſouvent privé du ſecours de ſes Conſeils, ſeul avec ſa douleur, entre les murs de ſa priſon, pendant que ſon nom remplit l'Europe ; ſuſpendu de ſes droits par le Souverain Pontife, tandis qu'il s'efforce en France de concilier ce qu'il doit à ſon honneur, & ce qu'il doit à ſes priviléges ; appellé à un combat perſonnel contre une femme odieuſe & fauſſe, confronté à deux intrigans qu'il ne connoît pas, ſoumis ſans relâche à l'activité d'une procédure dont les rigueurs devoient lui être étrangeres ; déchiré du fpectacle que l'imagination, plus cruelle encore que les yeux, lui préfentoit fans ceffe, de tant d'innocens (1) que fon malheur a chargés des mêmes fers, obligé enfin de prouver qu'il n'eft pas coupable ; & de quels crimes encore..........! & c'eft donc M. le Cardinal de Rohan qu'une exécrable fraude a plongé dans cet affreux abîme ! Voilà l'horreur des maux où l'a conduit une funefte crédulité ! O le plus malheureux des hommes ! Puiffe-t-il trouver dans cet Ecrit un peu de ces confolations douces dont fon cœur a befoin ! Puiffe la voix publique, pénétrant dans la terrible enceinte, traverfer le filence qui l'environne, & porter jufques à fon oreille l'accent de l'intérêt fi précieux aux infortunés ! Puiffe l'opinion générale, prévenant la décifion des Magiftrats, remplir du bruit de fon innocence tous les lieux où le foupçon avoit pénétré ! N'en doutons pas, ces vœux que nous infpirent l'amour de la vérité & le fentiment de la juftice ; ils vont être remplis. Combien nous en jouirons nous-mêmes ! Eh ! n'eft-il pas jufte que les efforts de notre zèle trouvent auffi leur récompenfe ?

Signé, LE CARD. DE ROHAN.

MM. TITON & DUPUIS DE MARCÉ, Rapporteurs.

Me TARGET, Avocat.

GERARD DE MELCY, Proc.

---

(1) Le Baron de Planta fi pur, fi fidélement attaché à tous les devoirs de l'honnêteté, les fieur & dame de Caglioftro, ces Etrangers que la calomnie n'abandonne qu'après leur avoir fait tant de mal.

CONSULTATION.

LES Souffignés qui ont lu le Mémoire ci-deffus, & conféré plu-fieurs fois avec M. le Cardinal de Rohan, eftiment qu'il doit ob-tenir la décharge abfolue de l'accufation qui a été intentée contre lui, à la requête de M. le Procureur-Général, par fuite des Lettres-Patentes du mois de Septembre dernier.

Ces Lettres-Patentes déterminent expreffément le délit dénoncé à la Juftice, & fixent, d'une manière précife, l'état de la queftion. La plainte de M. le Procureur-Général le fixe également.

Ce délit eft l'abus du nom de la Reine, & le faux commis dans l'acquifition d'un Collier du plus grand prix.

Le coupable déféré par les Lettres-Patentes, c'eft celui-là feul qui eft l'auteur du crime. Elles nomment M. le Cardinal de Rohan, par les mains duquel cette négociation a paffée ; mais elles annon-cent en même-temps, qu'il a déclaré *avoir été trompé par une femme nommée la Motte de Valois*. Le Roi ordonne de rechercher & de punir *les auteurs & complices* de cet attentat. L'intention du Roi a donc été que la Cour s'occupât du foin de juger quel eft *l'auteur* & quels font les *complices* de cet abus criminel & du faux. En un mot, M. le Cardinal a-t-il voulu tromper ? a-t-il été trompé lui-même ? Tel eft, à fon égard, le feul état de la queftion fixée par les Lettres-Patentes qui l'ont dénoncée.

Cette queftion n'eft plus un problême. La dame de la Motte avoit jetté un voile épais fur fon crime ; il s'eft déchiré par dégrés.

D'abord, la bonne-foi & l'erreur de M. le Cardinal fe manifeftoient par la forme de la négociation même, par fa conduite avec les Jouailliers dès le premier temps, par fon empreffement à les envoyer aux pieds de la Reine, pour lui faire leur remerciment, par la lettre qu'il leur a fait écrire le 12 Juillet, par la précaution qu'il a prife de conferver, comme un titre, l'Ecrit faux qu'un coupable n'au-roit pas communiqué, & qu'il auroit fupprimé ; par la vente des diamans que les fieur & dame de la Motte ont faite à Paris & en

Angleterre ; par le changement arrivé dans leur fortune ; par les fables même de la dame de la Motte, dont la fausseté évidente ajoutoit encore aux preuves qui naissoient du parallele de la conduite des deux accusés.

Ensuite sont venues les preuves de la scène insolente jouée, par ordre de la dame de la Motte, dans les Jardins de Versailles pour tromper M. le Cardinal, scène qui prouve d'un côté, l'abus criminel que la dame de la Motte avoit fait des lettres fabriquées qu'elle a montrées à plusieurs personnes, & qui, d'un autre côté, ayant été exécutée nécessairement dans une vue d'intérêt, prouve également la vérité des faits postérieurs de faux & d'escroquerie que la dame de la Motte a commis.

Enfin, la preuve directe & légale est survenue, lorsque le sieur Rétaux de Villette a été amené par la Providence, sous la main de la Justice. Il est le fabricateur des fausses lettres, des faux approuvés, de la fausse-signature : il est le mandataire de la dame de la Motte, pour la vente des diamans, dès le mois de Février. Après avoir hésité, après s'être débattu sous le poids des remords & des preuves, il confesse enfin que tous les faux sont l'ouvrage de sa main, & sa confession est confirmée par le rapport & le témoignage des Experts, qui ont vérifié les écritures.

Ainsi, malgré les efforts de la dame de la Motte, qui retient encore l'aveu formel de son crime, & dont les combats, le trouble, les agitations, les inquiétudes sont l'équivalent d'un aveu, tout est prouvé contr'elle & pour M. le Cardinal ; il ne peut pas rester un doute ; &, quoique l'Angleterre put encore fournir des témoins, il ne manque rien à la preuve, les Magistrats sont convaincus : ils peuvent répondre à l'Europe entière qui attend leur décision, que M. le Cardinal n'a point trompé, qu'il a été trompé pleinement, & que c'est son respect même pour la Majesté Royale, qui, dans son erreur, l'a rendu l'instrument involontaire de l'offense qui lui a été faite.

Que reste-t-il donc dans ce Procès trop fameux ? Rien, puisque le point précis que les Lettres-Patentes ont renvoyé à éclaircir & à juger au Parlement est éclairci, & qu'il n'y a plus qu'à prononcer felon les preuves. Si dans l'inftruction & dans les interrogatoires, il a été queftion de quelques faits acceffoires, les formes ne permettent pas cette efpéce de fubftitution d'un Procès à un autre, & au fond, les imputations dont il s'agit, n'ont rien que de fimple, & ne préfentent pas même l'apparence d'un délit.

Le fieur de Saint-James a prétendu que M. le Cardinal lui avoit tenu en Juillet dernier, un propos qui fuppofoit un rapport direct avec la Reine. Mais 1° c'eft un témoin unique fur ce fait. 2° il eft évident que c'eft un mal-entendu. M. le Cardinal n'avoit aucun intérêt de tenir ce propos. Il s'agit d'ailleurs d'une fimple converfation légére, à voix baffe, fur une terraffe où il y avoit beaucoup de monde; rien n'a été fi facile que de fe tromper fur le fens des paroles : il feroit déraifonnable & injufte de fe perfuader, qu'après plufieurs mois, le témoin n'a pas pu confondre deux propos auffi femblables que ceux-ci : *J'ai vu* 700,000 *liv. dans la main de la Reine*, ou bien : *J'ai vu, écrit de la main de la Reine, qu'elle avoit* 700,000 *liv.*, fur-tout fi l'on obferve que M. le Cardinal a dû très-affirmativement dire ces dernieres paroles, & dans un temps où il n'avoit aucun doute fur les faits qui établiffoient fa confiance.

Une note dictée par lui à fon Valet-de-Chambre, femble indiquer qu'il étoit atteint de quelques inquiétudes ; mais il n'étoit pas fûr que le propos qui pouvoit l'inquiéter eût été tenu; il ne pouvoit croire que celle qu'on difoit l'avoir tenu, fut bien inftruite ; il pouvoit & devoit croire tout au plus que le fecret de la négociation du Collier devoit-être obfervé....... Dans une vérification qu'il a faite, il a été frappé de la différence des écritures; mais il n'eft point expert, mais la fignature pouvoit avoir été faite avec un gryphe, mais les fignatures & les corps d'écriture font fouvent très-différens ; d'ailleurs la Dame de la Motte le replonge dans toute fon erreur par fes fermens, & par un fait plus frappant encore ; elle lui apporte 30,000 liv., pour payer les intérêts, & cette fomme, elle ne peut lui paroître l'avoir prife dans fes propres reffources.

Il n'eft donc point étonnant que M. le Cardinal, ait payé ces

30,000 liv. aux Jouailliers, au nom de la Reine ; & on ne doit pas être plus furpris, que quand le fieur de Caglioftro lui a confeillé de dénoncer la dame de la Motte, il n'ait pas voulu fe prêter à cette dénonciation, qu'il eut regardée comme calomnieufe, puis qu'il ne doutoit point à ce moment, que le Collier ne fût dans les mains de la Reine. Il n'eft point étonnant qu'il ait affirmé au fieur Baffange, ce fait dont il étoit perfuadé. Le fieur Baffange prétend qu'il lui a dit, qu'il avoit traité directement avec la Reine. Mais ce fecond fait n'eft aucunement prouvé ; un feul témoin l'attefte & tout concourre à rendre fa dépofition fufpecte. Il n'a configné le même fait dans aucun des deux mémoires certifiés par fa fignature, qu'il a remis au Roi, & à la Juftice, il ne l'a point configné dans fa déclaration miniftérielle, ni même dans la dépofition qu'il a faite en la Cour, fous la religion du ferment ; ce fait ne mérite donc plus aucune croyance, quand il paroît pour la première fois à la fin de la Procédure.

Si quelques efprits fe perfuadoient, ou qu'ils n'auroient pas été trompés, ou qu'ils auroient été défabufés, par les faits des derniers temps ; il faudroit convenir qu'ils ne connoiffent pas le cœur humain ; il eft dans fa nature de s'avouer le plus tard qu'il eft poffible, une erreur capitale, & de réfifter à croire une vérité défefpérante. Si la conduite de M. le Cardinal, à cette époque, prend uniquement fa fource dans un aveuglement prolongé, elle eft évidemment innocente. Si l'agitation de fon âme, l'efpoir d'éviter un éclat ont influé fur cette conduite, il n'y a point de délit fans une intention criminelle, il n'y a point d'offenfe fans la volonté d'offenfer. Le préjugé, l'opinion, ne préfident point aux jugemens, ils ne fe prononcent que d'après la loi, & fur des preuves plus claires que le jour ; & ce qu'il y a d'évident au procès, c'eft que M. le Cardinal a été trompé dans la négociation du Collier, qu'il n'a point participé à l'offenfe faite au Nom augufte *de la Reine* ; qu'il a été victime de l'intrigue ; qu'il s'eft conduit, dans l'exécution d'un ordre qu'il croyoit vrai, avec le zèle & la foumiffion qu'il auroit eûs & dû avoir dans l'exécution d'un ordre réel & véritable : enfin il eft prouvé que l'erreur étoit enracinée

dans

dans fon efprit , & que le plus profond refpect pour la Majefté Royale étoit le premier fentiment de fon cœur.

Délibéré par Nous , Anciens Avocats au Parlement , à Paris, ce 16 Mai 1786. LAGET-BARDELIN, TRONCHET, COLLET, DE BONNIERES & BIGOT DE PREAMENEU.

TABLE DES SOMMAIRES.